EMPLEADOS
sin sueños
EMPRESAS
sin almas

Félix Socorro, PhD

EMPLEADOS *sin sueños*

EMPRESAS *sin almas*

Este libro le permitirá:

Conocer la relación entre los sueños de los empleados y el alma de las empresas

Identificar las actitudes, prácticas y acciones que afectan el alma de las empresas

Descubrir planteamientos y propuestas para alimentar los sueños de los empleados y cómo ayudar a que los alcancen

Reflexionar sobre los cambios que ha experimentado la gestión humana, así como la nueva visión que usted debe poseer tanto de la empresa como de su relación con los empleados

Félix Socorro, PhD

Primera edición

© 2012 by Félix Socorro, PhD

Editorial Académica Española

una marca de LAP LAMBER Academic Publishing GmbH & Co.

ISBN-10: 3848451506

ISBN-13: 978-3-8484-5150-0

Segunda edición

© 2020 by Félix Socorro, PhD

Versión revisada, corregida, actualizada y ampliada.

INDEPENDENTLY PUBLISHED

ISBN 979-865-145-769-4

Revisión de contenido: Delys Palacios

Disponible en Amazom.com

A *Yosemite* (†)

Agosto 2000 – Abril 2016

A mis primos Joe (†), Leonardo y René

A Yolanda, Lisdey y Dennis

CONTENIDO

A MODO DE INTRODUCCIÓN

Empleados sin sueños, Empresas sin almas es una recopilación de doce investigaciones independientes que llevé a cabo a lo largo de casi diez años.

Comencé haciéndome preguntas sobre lo que dábamos por cierto en cuanto a la gestión humana, las organizaciones y los procesos que las unen, pero, especialmente, haciendo hincapié en las cosas que las desunen. Luego estudié la posición de distintos autores y, finalmente, lo contrasté con la realidad, desde una perspectiva crítica.

En lo personal no me he sentido cómodo con la manera en que algunas empresas, representadas por los profesionales que las conforman; ven y entienden al talento humano, así como la manera en que lo gestionan.

Esa inconformidad está presente en todos mis libros, planteada como un intento por compartir las reflexiones a las que he llegado, a lo largo de estos años, en los que he estado trabajando con diferentes empresas, culturas y mercados.

En *Empleados sin sueños, Empresas sin almas*, se destacan una serie de interrogantes, análisis y propuestas, que pretenden hacer reflexionar a los profesionales de cualquier área, sobre cómo las bases de nuestra sociedad han ido cediendo para dar paso a expresiones, no sólo más lógicas, sino más beneficiosas para la empresa y, por ende, para sus colaboradores.

El libro está dividido en tres partes para facilitar su comprensión y lectura.

En la primera parte, se hace una narración retrospectiva de la evolución de la gestión humana, para luego dar contexto al título del libro al explicar lo que el autor entiende por los sueños y las almas, así como su relación con los empleados y las empresas.

La segunda parte explora las situaciones, actitudes y eventos que pueden hacer que una empresa pierda el alma y, por ende, arriesgue su existencia, su éxito y sostenibilidad en el mercado.

Finalmente, la tercera parte explica cómo alimentar los sueños de los colaboradores, quienes, objetivamente hablando, son las entidades que hacen posibles a las empresas.

En esa tercera parte también se encuentran las reflexiones finales.

Si bien, lo que este libro explora ha sido enmarcado en el contexto organizacional; su contenido puede trascender a otros campos de aplicación, donde la persona, como corresponde, es la protagonista.

Es probable que consiga coincidencias con lo que entiende y piensa sobre los temas tratados, o que, por el contrario, le parezcan poco ortodoxos los análisis que hallará en las páginas siguientes, mas, sea cual sea lo que experimente, sólo le propongo que mantenga la mente abierta, pues, parafraseando a *Dunley Field Malone*, nunca se aprende nada nuevo de alguien que esté totalmente de acuerdo con nosotros.

Espero que disfrute del contenido de este libro.

PRIMERA PARTE
SUEÑOS Y ALMAS

EVOLUCIÓN DE LA GESTIÓN HUMANA

UNA APROXIMACIÓN HISTÓRICA

La manera en que se observa la gestión humana ha evolucionado en los últimos cien años, con relativa rapidez, mas no con mucha facilidad; en especial con relación a la importancia e impacto que poseen las personas en las organizaciones.

Pero en los últimos treinta años es como si, de pronto, quienes dirigen las empresas hubiesen despertado de un largo letargo, que les impedía comprender que sus colaboradores no eran miembros de una raza ajena a su especie, y que, por el contrario, son un reflejo de la empresa misma.

Sin embargo, si se comparara el periodo evolutivo comentado con las doce horas dispuestas en un reloj, sólo le corresponderían unos pocos minutos a este momento que se vive en el presente con relación al concepto del ser humano y su relación con las empresas.

Ha costado mucho tiempo, reflexiones y esfuerzo haber llegado allí.

No fue sencillo entender que *la gente es la empresa*, de hecho aún hay organizaciones (en el concepto tradicional de la palabra), cuya visión está a años luz de esa contundente premisa y todavía se vislumbran en los albores de lo que ha sido todo este inmenso camino, andado y desandado, por las mentes más revolucionarias que ha producido el ejercicio de la gestión humana.

No basta sólo con echar una mirada al pasado, se necesita una intensa e incisiva visión retrospectiva para tratar de explicar en unas líneas cómo ha sido el génesis y la evolución del pensamiento administrativo, el mismo que llevó a las personas de simples piezas sin valor, a convertirse en el verdadero sentido de toda organización.

Con certeza, las líneas que siguen no abarcan todo lo que significa escudriñar el pasado, y dibujar el origen, de lo que hoy se comprende por el talento humano, ya que se trata de un ejercicio mental que intenta recopilar lo que se conoce y se considera relevante sobre su historia. No obstante, se espera que este ejercicio sirva de base para ilustrar el camino recorrido y, sin duda, para propiciar discusiones e interés en el tema.

Si la idea es deambular por los anales del pasado hay que comenzar por el asentamiento humano en la más temprana era de su aparición, y una vez superado el aislamiento y la concepción social que había ofrecido el hombre de *Neanderthal* a sus grupos, según lo estiman algunos paleontólogos con base en hallazgos arqueológicos.

Según se especula, la aparición del *homo sapiens* representó el inicio de comunidades más organizadas y transformadoras del medio ambiente, totalmente distantes de los primeros brotes inteligentes de la especie humana.

Mas, aun cuando no tardó en aparecer la sociedad compleja —valga la expresión—, regida por fenómenos naturales, incomprensibles para los pobladores del momento, o expresiones de egocentrismo que asimilaban tales maravillas a una persona como representante de alguna deidad en la

Tierra; parece lógico suponer que, para ese entonces, las personas cazaban y consumían como una manifestación natural del instinto de supervivencia, en lugar de satisfacer la necesidad de alimentarse para tener fuerzas y desarrollar el ingenio que se requiere para construir imperios.

Al parecer, las sociedades de ese momento histórico, no estaban lejos del concepto de la *manada* y, por lo tanto, las expresiones básicas del trabajo en equipo surgían, como aún hoy pueden apreciarse en los depredadores existentes, cuando se les observa en su hábitat natural.

No es fácil precisar cuándo o cómo las comunidades dejaron tras de sí la vida silvestre y salvaje, y tal vez no sea necesario, lo que sí es un hecho es que después de muchos años empezaron a aparecer asentamientos humanos que desarrollaron la tecnología y los conocimientos necesarios para dejar su huella a través del tiempo.

Prácticamente, de la noche a la mañana, los *Sumerios*, cerca del 2750 a.C., comenzaron a dejar códigos escritos en lenguaje cuneiforme y superaron las rústicas expresiones de talla y grabados que habían utilizado sus ancestros en expresiones pictóricas.

Estos ocupantes de la región mesopotámica, crearon una sociedad donde las personas eran dirigidas y utilizadas para cumplir con las metas de uno o varios dioses y, sin percatarse de ello, pusieron la simiente de ese paradigma dominante que, de alguna forma, se ha quedado inamovible en el ADN humano; el mismo que sentencia que *la gente trabaja para terceros, no para sí.*

El proceso de desarrollo de esa línea de pensamiento se extendió como pólvora en el mundo entero, todas las expresiones culturales que se dieron cita en el pasado conservaron la dominante estampa de ese rígido pensamiento.

Desde las encumbradas sociedades Mayas, Aztecas e Incas, hasta las ostentosas dinastías chinas, pasando por el Imperio Romano, la civilización griega y el legado faraónico egipcio; el principio era el mismo: un importante grupo de personas, usualmente numerosas y fuertes, se rendían ante unas pocas que poseían un poder casi ilimitado, el cual era alimentado y respetado por todos, o casi todos.

La esclavitud y/o el trabajo para complacer a los dioses fue la más primitiva expresión de la utilización del talento humano en beneficio de una empresa.

No se necesitaba mucha inteligencia o conocimientos profundos para saber que sin la gente no sería posible arar la tierra, coser el barro, alzar monumentos, levantar obeliscos o construir ciudades.

Es difícil pensar que no existiera una reflexión consciente de ello, definitivamente se necesitaba de la gente para todo, pero eso requería una inversión que, tal vez, se pensaba en granos, tierras, pieles, protección o ganado.

Cualquiera que haya sido el valor de la inversión, debió ser una cifra de cuidado y preocupación para las primeras expresiones administrativas, porque los grandes reyes y líderes del pasado se las arreglaron para someter y disponer de la gente a su antojo, comprendiendo casi automáticamente que, a la par de utilizar a las personas, se debía ofrecer alguna especie de motivación que los mantuviera atados al régimen, por más absurdo y descabellado que éste fuera, por lo que no tardaron en aparecer, en su mayoría, expresiones de represión, obligaciones religiosas o culturales, impuestos, ofrendas y toda clase de condiciones que sometían la voluntad y exigían ser respetadas para permanecer en esa sociedad y sobrevivir en ella.

Pasaron siglos antes de que se comprendiera que el trabajo exige poseer una contraprestación que beneficie a quien lo realiza, pues no hay que olvidar que todavía existía la esclavitud cuando se comenzó a pagar con sal, y se mantuvo esa expresión de sometimiento por mucho tiempo, aún después de ser el dinero un concepto social y laboralmente aceptado.

Pero comprender tal elemento diferenciador entre un esclavo y un trabajador no trajo consigo la valoración ni un mejor trato para la gente, el pago por los servicios se hizo desigual y desproporcionado hasta el punto en que ser esclavo, en ocasiones, era más atractivo que ser un ciudadano libre, pues se contaba con cobijo y alimento, y no era necesario realizar un esfuerzo extraordinario, al que ya se hacía, por la condición de esclavitud que se experimentaba.

No puede decirse que hubo ausencia de experimentos diferentes a las expresiones antes comentadas, en algún momento de la historia se habló de igualdad de derechos y oportunidades, incluso mucho antes que tales consignas fueran el motor de la *Revolución Francesa*.

Hay dos ejemplos que pueden servir para ilustrar lo que se ha dicho anteriormente:

- En el siglo VI a.C., los griegos imaginaron al pueblo ejerciendo el poder en todas sus expresiones, ello incluía el trato justo en el ejercicio laboral y la valoración por méritos.

- A *Espartaco* (Tracia, 113 a. C. — Lucania, 71 a. C.), en el Imperio Romano, se le adjudica el intento de crear una sociedad autoges-tionada y autoadministrada, aunque no hay registros de haber usado esas palabras.

Como esos casos, existen otros tantos ensayos que sirven de antecedentes al pensamiento organi-zacional contemporáneo.

Cuando se estudia la historia, puede verse que siempre estuvo presente la inquietud por señalar a las personas como el elemento esencial de las empresas, aun cuando tan importantes muestras de lucidez fueron bloqueadas y obstaculizadas de manera férrea y sistemática.

Si se analiza con detenimiento el mensaje que han expresado los personajes inspiradores que históricamente han existido, desde *Confucio* hasta *Sai Baba*, cuya influencia ha marcado transcendentales cambios en las sociedades; puede decirse que su contenido se concentra en la importancia de las personas y el impacto que posee la forma de gestionar los intercambios entre ellas, así como lo que esto imprime a las comunidades en cualquier escenario.

Pero ese mensaje tardó mucho en comprenderse y operacionalizarse en las empresas a lo largo de la historia.

Lo que sí se comprendió, y se practicó en muchas culturas con rapidez, fue el concepto de la *motivación por intercambio*.

No importa si se habla de los bárbaros o los etruscos, de los romanos o los vikingos; las sociedades del pasado pensaron y comprendieron que sólo podían mantener atados a un grupo importante de personas, si a cambio de su fuerza y fiereza, se le ofrecían bienes y riquezas, comida, tierra o trabajo, ya fuesen efímeras o de larga duración, estas regalías sirvieron para motivar a pueblos enteros a extender los dominios de sus líderes y monarcas.

Otras civilizaciones utilizaron las creencias religiosas, o el temor a lo desconocido, para mantener sometida a la masa trabajadora y hacerles suponer que su esfuerzo sería recompensado en otro mundo.

Y por mucho tiempo se mantuvo de esa manera.

En la historia de la humanidad se pueden apreciar altos y bajos con relación a lo antes expuesto: la Edad Media (476 d. C. – 1.453), ya sea la alta o la baja, se caracterizó por el desprecio hacia las personas y la visión enfocada en la servidumbre, sólo podían ser considerados miembros destacados de la sociedad quienes gozaban de privilegios auto-impuestos por las condiciones existentes de la época, o heredados de expresiones similares.

Sin embargo, ese oscuro pasado dio origen al Renacimiento (aproximadamente inició en el 1.300 d.C. hasta el 1.600), donde el hombre (la persona) era el protagonista, lo que realmente importaba; breve momento de lucidez que se vio opacado por el Absolutismo (del siglo XVI hasta la primera mitad del XIX), donde el oscurantismo y nuevamente el desprecio por la gente, se impusieron en el pensamiento de los gobernantes y regentes.

Con la llegada de la evolución industrial clásica, comprendida entre 1760 y 1840, al menos para el occidente, pues ya en Asia existían expresiones similares antes de declararse como tal en Europa y Estados Unidos; la empresa como medio de enriquecimiento y poder dejó a un lado, aunque no del todo, las guerras y las conquistas que ocupaban el primer lugar para tal fin.

Otro tipo de batalla habría de librarse en el mundo y esta no tenía bajas humanas en el sentido tradicional.

El principio era el mismo, intercambio de trabajo por manutención y una vida digna o al menos cercana a ese concepto.

Es obvio, no todos vivían los infortunios de las tempranas expresiones de la administración del personal, siempre se contó con individuos hábiles e inteligentes que hicieron la diferencia.

Pero fuese en el siglo II a.C o en 1960, el principio era el mismo: La gente era un recurso para el trabajo y como tal era considerada, hasta el punto de que aún hoy persiste la costumbre de llamarla «Recurso Humano».

De una manera lenta y sumamente elaborada se entendió que el hombre necesitaba de ciertas condiciones para el trabajo y fue ahí cuando surgió el término *Relaciones Industriales*, esa vinculación entre la gente (a un lado) y la empresa (del otro lado); como si se tratara de dos entes diferenciados por el poder y la necesidad de subsistir.

Las relaciones industriales inspiraron muchos cambios que aún hoy se aprecian, principalmente porque se dedicaron a considerar importante a las personas que antes eran vistas como peones.

No tardó en aparecer el *Departamento de Personal*, expresión por demás errada, una suerte de unidad pagadora de salarios y recolectora de la información básica de la gente, en él se pusieron de moda los archivos de personal que imitaban a las grandes carpetas que resumían la vida del estudiante en colegios y universidades.

Ahora bien, para no dejar sin explicación lo que se ha afirmado sobre el *Departamento de Personal,* es importante señalar que, bajo ninguna circunstancia, la unidad orientada a gerenciar o gestionar el talento humano debe ser observada como un departamento.

Es probable que se trate de un problema de semántica, pero la palabra "departamento", en el siglo XXI, está asociada a labores operativas de poco impacto, de modo que al estudiar a una empresa, ya sea para reorganizarla, reingeniarla o reducirla, al encontrarse con un "departamento" esta palabra sirve al asesor como una referencia directa para hacer recortes, tercerizar o fusionar, pues, se entiende que esas áreas no se consideran como esenciales para el negocio.

La unidad de *Gestión Humana* es altamente estratégica y posee un profundo impacto en toda la organización, por lo cual debe ser denominada o visualizada como una Gerencia, siendo este el nivel más básico donde se le puede ubicar.

Volviendo al tema.

Posteriormente, se vio otra luz en el pensamiento humano y se comenzó a reforzar el concepto de recurso, la idea inicial era valorar al ser humano por su condición única y tratarlo como lo merecía, pero los recursos se agotan y algunos de ellos son susceptibles a ser sustituidos, como lo fue el carbón, el aceite y las velas, por ejemplo, cuando llegó el alumbrado eléctrico.

Sin embargo, esa luz no fue lo suficientemente intensa y, justamente, se pensó que el hombre, como recurso, era *renovable*; paradigma que aún se encuentra en expresiones populares como *"nadie es indispensable para la empresa"* y otras como *"el que se fue no hace falta"*.

Aún en las circunstancias descritas con relación al concepto de *recurso*, la idea de referirse a los colaboradores como *recursos humanos*, se ha mantenido hasta el presente.

En un intento por darle mayor peso e importancia al manejo del personal, se comenzó a escuchar expresiones como *Capital Humano*, el cual trató de introducir el concepto de *inversión* al mundo de las personas en convivencia con la empresa, pero una vez más el término se prestaba a interpretaciones diversas y no fue aceptado del todo.

Como se sabe, *el capital* también se agota si no es debidamente utilizado; hay que incrementarlo o es susceptible a presentar mermas de acuerdo a los acontecimientos.

Adicionalmente, el término generó cierto grado de inestabilidad, ya que el capital es transferible y negociable (principio fundamental del *outsourcing*) y, finalmente, el capital forma parte del concepto contable de las cuentas, por lo que, al hablar de *Capital Humano*, éste podía ser visto como un *objeto*, de hecho la expresión inglesa *headcount* tiene su raíz en esa línea de razonamiento, pues, de acuerdo a esa expresión, no se trata de contar personas, en el más puro estilo ganadero, se trata de *contar cabezas*.

Al hacer un repaso de la historia y los cambios que ha experimentado la unidad de gestión humana, obviamente, no se pueden dejar a un lado los aportes realizados por figuras como *Frederick W. Taylor* (1856-1915) en lo que se llamó la Escuela

Clásica, así como los realizados por el francés *Henri Fayol* (1814-1925).

Tampoco se pueden dejar de nombrar las adaptaciones de los aportes existentes hasta la época, realizadas por *Elton Mayo* (1880-1949), en la denominada Escuela de Relaciones Humanas, así como los aportes de *Max Weber* (1864-1920) y *Abraham Maslow* (1908-1970), y más recientemente las propuestas de *Daniel Goleman* (1945-   ) y *Howard Gardner* (1943-   ), entre muchos otros, quienes con sus estudios y planteamientos transformaron la manera en que hoy se percibe la relación entre los colaboradores y las empresas.

Ahora bien, una de las etapas más significativas en el proceso evolutivo del pensamiento organizacional, especialmente relacionado con la gestión humana, puede ser ubicada en el primer semestre del año 2020, como consecuencia de la pandemia causada por el *Covid-19*, también conocido como el *coronavirus*.

Si bien, en el reloj imaginario, esta etapa apenas representa unos segundos, su impacto puede llegar a cambiar el proceso evolutivo de la gestión humana.

Antes de la aparición del virus y el llamado a la cuarentena obligatoria, en la mayoría de los países que la sufrieron; se consideraba a los cargos estratégicos como posiciones de altísima importancia para el funcionamiento de las empresas.

Pero la llegada del virus puso esa percepción en duda, ya que, em medio de la cuarentena, los cargos básicos experimentaron un significativo protagonismo, siendo ellos quienes, en su mayoría, sostuvieron la operación de las organizaciones y eclipsaron con su actividad a algunos cargos que se creían fundamentales para el negocio.

Si bien es cierto que los cargos operativos respondían a estrategias impulsadas por la alta gerencia; no es menos cierto que la ejecución, prácticamente autogestionada y autodirigida de los empleados base, demostró que las organizaciones dependen sustancialmente de su personal operativo y es por ello que están llamadas a replantear la manera en que se les remunera, valora y promociona dentro y fuera del mercado laboral.

La pandemia también expuso la importancia y relevancia de los **EI** [1], o empleados invisibles, impulsando con ello reflexiones en cuanto a la rigidez de los horarios de trabajo, la poca necesidad de contar con la presencia de los empleados en la empresa (dependiendo del tipo de operación), y la obsoleta necesidad de ejercer controles y supervisión sobre el personal significativamente identificado con la organización, ya que, en buena parte de los casos, los trabajadores fueron más eficientes desde sus casas, o bien trabajando de manera remota, que cuando lo hacían en las instalaciones de la empresa, bajo el rigor de sus horarios y, en algunos casos, de excesiva supervisión.

No obstante, como se comentó al principio, en los últimos cien años el pensamiento ha evolucionado hasta el punto referirse a la unidad como *Talento Humano* o *Gestión Humana*, incluso ya no se oye en boca de las personas responsables del área hablar de administrar el talento sino de gestionarlo, de gerenciarlo o bien dirigirlo; tampoco se escucha hablar de invertir en el capital humano sino en desarrollar su talento, sus competencias, ya que finalmente se entendió que si la gente crece la empresa también lo hace, si la gente es próspera la empresa también lo será; pues, al final, sin las personas no hay empresa, no hay trabajo, ni empleo, ni ganancias, ni pérdidas.

Las organizaciones existen para satisfacer a otras empresas, entidades o grupos que están compuestas por personas que, a su vez, demandan productos o servicios, es así de simple.

Por todo lo anterior, puede decirse que las personas pasaron de ser peones en un tablero de ajedrez, para convertirse en la razón de librar y ganar el juego. Que pasaron de ser la base del plan para convertirse en la meta, como una confirmación de aquella visión maravillosa del *Renacimiento* donde, como ya se dijo, el hombre era el centro de todo; visión que emergió después de la obscura Edad media y murió con el *Absolutismo*, lo cual se espera no sea el destino de todo este importante avance cultural en la era del conocimiento y la información.

Por consiguiente, si las personas son la razón de ser de las empresas, ya que al final la idea es satisfacer sus demandas y necesidades, hablar de todo lo que puede afectar su desempeño, identificación y vinculación con la organización, en los umbrales del siglo XXI, así como señalar las formas en las que se pueden alimentar sus sueños; más que necesario, es obligatorio; pues ello nos ayudará a comprender que si los empleados no logran alcanzar sus metas, las empresas perderán sus almas.

EMPLEADOS Y EMPRESAS

Una empresa que se precie de moderna, actual, emprendedora, competitiva. e incluso, de tradición, no puede concebirse sin una visión que la oriente hacia el destino que ella misma se ha propuesto.

Esa visión, ese sueño, lo es todo y lo representa todo.

La misión depende de la visión de la empresa, como también lo hacen las políticas, las normas, las reglas, las estrategias y tácticas, las metas y los objetivos que la orbitan, todo ello con el firme propósito de hacerla real, concreta y con significado.

Sin la visión la empresa no tendría un *plan de vuelo*, un destino a donde llegar, o al menos, un lugar en donde verse *aterrizando* con acierto y seguridad.

Sin una visión clara, no habría un *hacia dónde* ni un *para qué*, sólo habría incertidumbre, azar, anarquía y desorden.

La visión es el fin y a la vez es el principio. Sin ella no se puede comenzar la empresa y difícilmente sin ella no se puede terminar creando un legado.

Pero, ¿Es la visión únicamente vital para la empresa? ¿Debe la empresa poseer sólo una visión?

Pensar que sólo las empresas requieren de una visión es utópico. Todos requerimos de un destino, de una cúspide que conquistar, de un límite que nos rete a superarlo. Todos necesitamos poseer un sueño y, de ser posible, muchos de ellos.

Es tradicional, e incluso exigible, que los empleados al iniciar sus labores en la empresa sepan cuál es la visión de ella, hacia a dónde se dirige, lo que espera ser y lograr; incluso se pretende que los colaboradores no sólo conozcan la misión, sino que la adopten como propia, y se comprometan a hacerla posible durante su permanencia en la organización, pues se entiende que el esfuerzo conjunto y coordinado será crucial para el alcance de ese importante sueño, y eso está bien.

Lo que no está bien es que la empresa —entendida ésta en el concepto tradicional—, se preocupe más por hacer que sus empleados conozcan y se sientan vinculados con los sueños de la organización; pero no muestre interés por conocer los sueños que, de manera individual, cada uno de sus colaboradores posee y que también desean materializar.

Es cierto, las empresas no han sido concebidas para que las personas, haciendo uso de ellas, materialicen sus sueños.

No es un secreto que las empresas nacen con un propósito mercantil y capitalista, orientado a ofertar productos y servicios que procuran, en buena parte de los casos, agregar valor a la sociedad y, en especial, a sus clientes, pero, sobre todo, su intención es la de generar ganancias a sus dueños, accionistas y/o propietarios. No hay duda de ello y así debe ser, de lo contrario serían catalogadas como instituciones sin fines de lucro.

No obstante, las empresas sí son —y deben ser—, un vehículo, un dispositivo, un instrumento que coad-yuva al logro de los sueños individuales de sus empleados, pues de lo contrario no se estaría hablando de una empresa, en el sentido contemporáneo del concepto, sino de una especie de esclavitud moderna, donde el empleado, o en ese caso, el *neo-esclavo*, sólo debe cumplir con su tarea sin esperar nada más.

Los sueños de los empleados son tan importantes como la visión de la empresa

---

Si se ha entendido ya el concepto de la *coestima* [2], queda claro que los sueños son el combustible que hace posible que los motivos y propósitos de los individuos, se conjuguen y engranen para darle concreción a la expectativa colectiva, sin menoscabo de su propia expectativa.

¿Qué debemos entender por esos sueños? ¿Cuántos sueños se deben tener?

Los sueños

En lo que respecta al tema, se entenderá por sueños a las aspiraciones, expectativas o metas individuales, grupales u organizacionales, que se plantean con diferentes niveles de exigencia y temporalidad.

Como es de esperarse, los sueños no se tratan de fantasías o experiencias oníricas que dejan la sensación momentánea de haber hecho algo completamente perturbador o, por el contrario, totalmente placentero.

Desde la antigüedad, e incluso hoy día, conocidos pensadores, escritores o novelistas, al escribir sus obras, invitan a soñar o exhortan, de alguna manera, a dar importancia a los sueños. Veamos algunos ejemplos [3]:

- *William Shakespeare* (1564–1616): "Un hombre que no se alimenta de sus sueños, envejece pronto"

- *Friedrich Nietzsche* (1844–1900) "Nada os pertenece en propiedad más que vuestros sueños" y,

- *William Faulkner* (1897–1962) "La sabiduría suprema es tener sueños bastante grandes para no perderlos de vista mientras se persiguen"

Y esto sólo por citar a tres personalidades que, en distintas épocas, consideraron importante incluir entre sus pensamientos la inevitable presencia de los sueños.

Lo más destacado de las afirmaciones que los tres autores realizan, como puede observarse, con varios años de distancia entre sus declaraciones, es que, en cada caso, la palabra *sueño* siempre aparece en plural.

Los sueños son inherentes a la persona y, si la empresa ha sido creada por personas, es completamente lógico pensar que los sueños son inherentes a ella también, sin embargo, la planeación estratégica llegó, erradamente, a la conclusión de declarar un sueño único para las empresas, cuando se refiere a la visión; limitando así la capacidad expansión y diversificación que las organizaciones poseen, independientemente de lo amplia que la visión sea.

Mientas más sueños posee una persona, mayor es su deseo de hacerlos realidad.

Un ejemplo de ello lo encontramos en *Walt Disney* (1901–1966), quien no sólo fue un hombre con una visión amplia, sino que fue un soñador empedernido, quien solía decir: *"si lo puedes soñar, lo puedes crear"*, convirtiéndose en el ejemplo inequívoco de que el hombre es del tamaño de sus sueños, y por ende también la empresa.

Pero, obviamente, los sueños deben tener correlación entre sí, como ocurrió en el caso de *Walt Disney*, cuyos emprendimientos dieron forma y contexto a otros, por ejemplo, de los personajes e historias que eternizó en sus películas, nacieron los parques temáticos, material publicitario y de entretenimiento, y hasta surgió el canal de televisión que hoy lleva su nombre, o la imponente corporación en la que hoy en día se ha convertido la que fue su empresa, entre otros elementos, en los que destaca su propia concepción en la gestión del talento humano.

Los sueños inspiran. Mientras más sueños se posean y más concordancia exista entre ellos, mayor será el grado de inspiración y, por ende, más alta será la motivación que alimentará la expectativa de lograrlos.

Sin embargo, si los empleados no ven posibilidades de alcanzar sus sueños dentro de una organización, permanecerán en ella hasta que aparezca un sustituto, en el mejor de los casos, que le provea de esa posibilidad, haciendo uso consciente o no de la *Teoría del Saltamontes*, y demostrando que se es fiel a algo, o a alguien, mientras no aparezca un nuevo proveedor que ofrezca las oportunidades que en la actualidad no se poseen, o bien, en este caso, mayores probabilidades de lograr lo que de manera individual se aspira.

Importancia de los sueños

Así como se habla de las competencias de los individuos, su conocimiento y su experticia como parte del valor intangible de la empresa, o como ya se señaló, del capital humano; los sueños deben ser vistos como un elemento indispensable para mantener viva a la empresa, pues de ellos, de todos los sueños que poseen quienes la conforman, está constituida el *alma* de la organización.

Uno de los errores que se ha generalizado, desde la revolución industrial y hasta el presente; es que se ha entendido a la visión como el alma de la empresa y se ha direccionado su importancia únicamente a su creador.

Durante ese proceso se tiende a exaltar la figura del visionario como el único capaz de advertir lo que nadie observó y que hizo posible a la empresa exitosa y pujante que ahora se ostenta.

No obstante, si bien es importante y significativa la declaración de la visión o el hecho de haber imaginado la organización que hoy se lidera; es fundamental comprender, que la empresa no hubiese tenido lugar, sin ese importante número de personas que apostaron a ella y observaron la posibilidad de materializar sus sueños haciendo posible el sueño de otro.

Suponer que las ideas, los conceptos, las normas, la supervisión, e incluso, el tipo de comunicación que se ofrece en las empresas; es lo que las convierte en lo que son, es ignorar su verdadera esencia.

Son los sueños los que construyen los verdaderos emporios, a través de su conexión, su intercambio y la posibilidad de concretarlos.

Las personas trabajan en las organizaciones porque en ella encuentran elementos que sustentan sus necesidades básicas, sociales y económicas, sí, muy cierto, pero, sobre todo, se mantienen en ellas porque esperan que los sueños que individualmente poseen, se hagan realidad en ese escenario.

Cuando es así, se prolonga la relación *empleado-satisfacción-empleador*, el desempeño es el esperado, el vínculo *identificación-compromiso* [4], se nivela y el famoso *ganar-ganar*, explicado por *Stephen Covey*, se convierte en parte de la cultura organizacional y del ejercicio administrativo.

Pero cuando la empresa no es un lugar ideal para que los sueños se siembren y se cosechen, se presentan dos escenarios inevitables:

- El primer escenario se caracteriza por la constante rotación de personal, precedida por bajo rendimiento y un ambiente laboral cargado de resentimientos, incomodidad y desmotivación.

- El segundo escenario está asociado con un desempeño promedio, una actitud pasiva y desinteresada, por parte de los colaboradores que envía un constante mensaje, usualmente ignorado, de resignación y carencia de retos. En este escenario, suele ocurrir, que las necesidades básicas, las planteadas en su momento por *Maslow*; así como las preocupaciones sociales y económicas, se imponen al deseo de alcanzar los sueños.

Cuando los sueños individuales desaparecen en la mayoría de las personas que conforman la empresa, la organización se transforma en una entidad con vida vegetativa, en otras palabras, *pierde el alma*.

Amittere animam

Pero, ¿las empresas pueden perder el alma?

La respuesta, por más desesperanzada que parezca, no es otra que sí, sí pueden perder el alma.

Sin embargo, el concepto de *alma* no puede ser entendido de manera literal, tiene una connotación particular que se explicará en las próximas líneas.

Veamos.

Existen varios estudios que se han hecho con relación a este tema, no específicamente en lo que corresponde a las empresas y al alma, sino al alma en sí.

Se sabe que en 1907, *Duncan MacDougall* realizó experimentos con personas que perdieron aproximadamente entre *19* y *21,5* gramos de su peso, de manera inmediata, justo antes de morir. [5]

Siendo objetivos, no puede asegurarse que se trata o no del peso del alma, ni puede decirse que no se ha especulado mucho al respecto; sin embargo no queda duda de la realidad del fenómeno registrado por *MacDougall* y su relación con la extinción de la vida física.

Entonces, si bien es cierto que, al hablar del tema, resulta un tanto difícil separar el concepto del alma de lo paranormal, lo oculto, lo religioso o supersticioso; no es menos cierto que no puede negarse la existencia de *algo* que sostiene la vida y que, al parecer, va más allá de la vida orgánica.

También se sabe que la vida orgánica se puede prolongar de manera artificial. Un cuerpo, debidamente conectado a las máquinas que así lo permitan, puede sostener sus signos vitales, sin que ello signifique que tenga consciencia o pueda ejercer su voluntad.

Lo mismo ocurre en las empresas.

Para comprender esto debemos concentrarnos en las entidades que dan vida a la empresa y que no son otras que las personas que laboran en ella.

Si asimilamos la idea antes expuesta con lo que se conoce como *energía*, podría decirse que cada individuo puede equipararse a una *partícula* subatómica, ya sea un neutrón, protón o electrón, quienes juntos componen al *átomo*.

El átomo a la vez interactúa y se interconecta con otros átomos, los cuales, combinados conforman una *molécula*.

Después de otras intrincadas relaciones se forma el *ADN*, quien también combinado en complejas cadenas, termina por crea *células* y así, sucesivamente, hasta llegar a formar un complejo ser vivo, con todos los *órganos* y elementos que lo componen.

Cuando uno de esos elementos falla, el organismo se enferma y, por ende, se enferma el individuo, en este caso, la empresa, lo cual exige atención y cuidados.

Pero cuando existe una falla general que desconecta la actividad consciente de las funciones puramente orgánicas, sí, el cuerpo puede continuar realizando sus procesos, conectado a una variedad de máquinas y tubos que lo hacen respirar, mantienen la sangre en movimiento y otras funciones vitales, pero aquello que hacía posible la interacción, que le daba personalidad, criterio, creatividad y postura se encuentra ausente convirtiendo a quien experimente tal fatalidad en un vegetal.

Esa parte complementaria de la vida, la *psiquis*, que hace posible el intercambio intelectual y el raciocinio, es comparable con la presencia de empleados identificados con la empresa y comprometidos con sus sueños que, en pocas palabras, son la verdadera alma de la empresa.

La visión declarada y publicada de la compañía no le da vida *per se*, si no tiene quien la haga posible y la modele; por ende, los empleados cumplen la función del alma en las empresas, de ese algo que da vida al cuerpo más allá de las funciones físicas, lo cual, en el caso que ocupa este espacio, se refiere a que, gracias a los colaboradores, las instalaciones, las políticas, las áreas, las maquinarias y los equipos, tienen vida y cumplen la función para las que fueron creados.

Es de esa alma, conformada por los empleados, de donde brota la energía que impulsa al crecimiento y desarrollo de la misma.

Si se ha comprendido que *la gente es la empresa*, entonces, no puede entenderse de otra manera su relación con el concepto del *alma*.

En la película *The Island* (2005), dirigida por *Michael Bay* y protagonizada, por *Ewan McGregor* y *Scarlett Johansson*, se hace referencia a la necesidad de un propósito para que la vida tenga sentido y, por ende, existan razones para experimentarla, lo que nos trae de vuelta a los sueños como elementos fundamentales para la subsistencia.

En una parte de esa película, uno de los personajes explica que, durante la creación de la vida artificial, se habían percatado de la importancia de los sueños, pues, sin importar el tipo de ente que se creara, si éste carecía de sueños y propósitos, terminaba por morir.

Si bien es cierto que se trata de un diálogo cinematográfico, asociado a la ciencia ficción y destinado al entretenimiento; no es menos cierto que su contenido invita a la reflexión y puede ser extrapolado, al mundo organizacional, como un tema de cuidado al que todos estamos llamados a prestar atención.

Un individuo sin propósitos, sin sueños, sin visión de largo plazo, no puede mostrar interés por los detalles, la comunicación, la interacción y la producción, como lo haría otro individuo que sepa hacia dónde va y qué espera obtener de su esfuerzo y de su trabajo.

Es por ello que la psicología, al estudiar casos donde la persona muestra apatía por la vida, se enfoca en ubicar, destacar o señalar los sueños, los motivos o las razones que darán sentido a la vida y por las cuales vale la pena experimentarla.

Si los empleados no tienen sueños propios que alcanzar, no darán lo mejor de sí mismos, ni en su vida personal ni en la profesional.

Por lo tanto, cabe suponer que las empresas pueden mantenerse vivas artificialmente, esto ocurre cuando la organización ignora los sueños de su gente y las expectativas que los colaboradores poseen, o bien, debido a su inflexibilidad, hace que esos sueños sean imposibles de alcanzar.

En esos casos, la empresa termina asumiendo los costos de reclutamiento, adiestramiento, tiempo y producción, por la alta rotación que experimenta; si se comprende que, en su mayoría, los empleados permanecerán en ella mientras no encuentren un lugar mejor que les permita cubrir sus gastos y, sobre todo, alcanzar sus sueños.

La empresa seguirá con vida de manera artificial, pero, al ignorar los sueños y metas de quienes la hacen posible, pagará el mayor precio de todos: se irá quedando estancada y sumergida en la rutina. Esto debido a que carecerá de la esencia vital de donde surgen las ideas para lograr el crecimiento, el desarrollo y la rentabilidad que alcanzan las compañías que valoran a su personal.

En otras palabras, la empresa puede contar con una visión, un sueño particular, con la infraestructura y el capital que se requiere para emprender un proyecto, pero la ausencia de conexión de ese sueño, con los sueños de quienes la hacen posible, se equipara a una ruptura del sistema límbico del cuerpo humano con el resto de los órganos, impidiendo con ello ofrecer respuestas ante los estímulos emocionales a los que se le someta, independientemente que, a simple vista, el cuerpo posee todas las partes y órganos que necesita para operar.

Características de las empresas sin almas

Es muy común que los sueños de los empleados se vean degradados a un tercer plano en algunas compañías, entendiendo que el primer plano —en el ambiente organizacional—, corresponde a la visión de la empresa, el segundo a la visión particular que posee la unidad donde se trabaja, y el tercero y último plano, corresponde a cualquier cosa distinta al primer y segundo plano.

Es fácil reconocer a las empresas que no sitúan los sueños de los empleados en un lugar de importancia e interés, ya que, en buena parte de los casos cumplen con las siguientes características:

- Se respira un ambiente laboral pesado, donde el estrés es considerado normal, y ocho horas no son suficientes para completar ninguna labor.

- Se observa una falta de celeridad en los procesos, los cuales son burocráticos y repetitivos.

- El desorden, tanto físico como emocional, es parte de las áreas donde se labora.

- La gerencia considera a los empleados como subordinados y espera de ellos obediencia absoluta.

- Es evidente la carencia del salario emocional, gestores de felicidad, flexibilidad horaria y espacios para la recreación y el esparcimiento.

- No hay cabida para la innovación ni la creatividad.

- La labor se percibe como una obligación de estricto cumplimiento.

- No perder el trabajo es lo único que motiva a los empleados a mantenerlo.

- Existen constantes problemas y distanciamientos entre todos los niveles y subniveles que conforman a la organización.

- Es indiscutible la falta de planificación o la ausencia de un seguimiento coordinado de los planes.

- Poseen baja calidad en sus productos y/o servicios, aun cuando cuentan con las políticas y los mecanismos que deben garantizarla, y

- Es notable la inequívoca falta de identificación y vínculos emocionales con la empresa.

Es simple, los empleados trabajan en ese tipo de organizaciones porque no se ha presentado la oportunidad de algo mejor, o porque, tal y como lo ha hecho la empresa; han ubicado sus sueños en un peldaño distinto al principal.

Esas empresas actúan en sus mercados como *zombis organizacionales*, cuya función básica es la de alimentarse, entendiendo por esta función la acción de ofrecer lo que hacen y cobrar por ello; sin agregar valor a la sociedad, a su gente, ni incluso, a sí mismas.

Sería innecesario describir las empresas donde los empleados consiguen de manera satisfactoria ejercer sus labores y, a la vez, alcanzar sus sueños, ya sean personales, profesionales o familiares.

Es prácticamente imposible desconocer las características de esas empresas donde los colaboradores son valorados, así como sus sueños y metas; pues no solo los empleados, tanto el *cliente* como los *proveedores* [6], sienten un impulso casi sobrenatural de estar relacionados con ellas y las exponen como ejemplos dignos de admiración.

En esas empresas la *coestima* no es un simple concepto, sino una herramienta de impulso y sostenibilidad.

Esas organizaciones han comprendido que es posible alcanzar altos niveles de productividad y rentabilidad sin hacer esfuerzos extraordinarios. Sólo se requiere nivelar los sueños de los empleados con los sueños de la empresa, direccionando y redireccionando las expectativas individuales y, a su vez, inspirando a su gente.

El precio de los sueños

Los sueños de los empleados son variados, pueden ser muy simples o muy elaborados, si bien, como empresa, no existe la obligación de hacerlos realidad; no se pierde nada ofreciendo mecanismos, facilidades, oportunidades y medios que ayuden a alcanzarlos.

Es sencillo, si el empleado se siente realizado y feliz, trabajará con comodidad y esmero, ello se traducirá en ventas de productos y servicios de alta calidad, lo que a su vez atraerá clientes y mantendrá cautivos a los que ya han sido captados; eso se traduce en ganancias, permanencia y liderazgo del mercado para la empresa, y todo ello por servir de medio para alcanzar los sueños que, a fin de cuentas, no le han costado nada a la empresa.

Un dicho popular reza *"soñar no cuesta nada"*, y es así, pero *cuando dejamos de soñar, lo perdemos todo*, ya que son precisamente los sueños y las expectativas quienes que propician las conductas más creativas y emotivas de los seres humanos.

Si las empresas no son capaces de entender que deben administrar sabiamente los sueños de quienes la hacen posible, aprovechando el potencial energético que ellos contienen y que cumplen la función del combustible que mantiene atentos, dispuestos y felices a los empleados. Si las empresas no logran comprender esto, simplemente continuarán atesorando sistemas, procesos, políticas, edificios y cuanto "materialmente" les sea posible, pero, hagan lo que hagan, siempre orbitarán en los mismos males que han aquejado a las organizaciones por más de cien años y que solo unas pocas han logrado superar con éxito.

Si ignoran la importancia de los sueños que poseen sus empleados y la necesidad de alcanzarlos, sin duda esas empresas poseerán todo lo que su cuerpo empresarial necesita para intentar alcanzar el éxito, pero, jamás lo lograrán porque, aunque aparentan estar vivas, ese cuerpo empresarial carece de alma.

SEGUNDA PARTE

PERDER EL ALMA

UN DIAGNÓSTICO NO DESEADO

Quienes gustan de los clásicos de *Hollywood* y de los temas poco comunes, y a la vez interesantes, que algunas de sus producciones ofrecen; es posible que recuerden, con mucha rapidez, la película protagonizada por *Tom Cruise* y *Dustin Hoffman* titulada *Rain Man* de 1988, la cual fue parcialmente parodiada en el film *Hang Over* de 2009, donde hacen referencia directa al autismo y las características especiales asociadas a él.

El autismo se ha convertido en un tema casi recurrente en el séptimo arte, además de *Rain Man* otros largometrajes hacen referencia a él, tales como *Nell* (1994), *Mercury Rising* (1998), *Molly* (1999), *I am Sam* (2001) y *Dear John* (2010), por citar algunos.

En el caso de programas para la televisión, *The Big Bang Theory* (2007-2019), exploró el autismo a través del personaje *Sheldon Cooper*.

Netflix estrenó en 2017 la serie *Atypical* cuya trama gira en torno a un joven con autismo, mientras que, en el mismo año, se estrenaba *The Good Doctor*, con el mismo tema de fondo.

Pero ¿qué sabemos del autismo?

Más allá de lo que pudo haberse inferido por la puesta en escena del *trastorno del especto autista*, es importante explicar lo que se entiende por él.

De acuerdo con la página especializada *Autismo.com*, se refiere a un trastorno neurobiológico del desarrollo, que se manifiesta durante los tres primeros años de vida y que perdurará a lo largo de todo el ciclo vital.[7]

Según la *Fundación ADANA*, el autismo se manifiesta en una serie de síntomas relacionados con la interacción social, la comunicación y la falta de flexibilidad en el razonamiento y comportamientos.[8]

En el film *Rain Man* se destaca la existencia de rutinas como parte de ese comportamiento rígido, en este caso repetitivo, que presentaba el personaje que interpretaba *Dusting Hoffman* —Raymond—, pero, a la vez. se mostraba como él poseía una habilidad numérica extraordinaria que superaba lo que se considera *"normal"* en los seres humanos.

Se sabe que el personaje de Raymond (*Rain man*) está basado en *Kim Peek*, un hombre con autismo que vivió entre 1951 y 2009.

Ahora bien, si se extrapolan esas breves referencias cinematográficas o televisivas del *trastorno del espectro autista*, al campo empresarial, es posible asociarlo a conceptos tales como *la resistencia al cambio* y la *rigidez* de la *cultura organizacional*.

Veamos.

El autista, al parecer, puede poseer una visión lineal del mundo, o al menos eso ha sido observado en algunos casos de significativa importancia, manifestadas por las personas que han sido diagnosticadas con autismo. Esa visión lineal los conduce, por ejemplo, a mostrarse muy interesados por:

- El orden en que deben ir las cosas, los colores y/o las formas.

- Los horarios, personas, actividades y otros elementos que deben permanecer inalterables ya que, en algunos casos, si se producen cambios significativos, la persona con autismo puede pasar de una actitud pasiva a una agresiva.

- Demostrar su intolerancia a sonidos, olores y, en ciertos casos, a la intensidad lumínica o ausencia de luz.

No obstante, y en medio de esa rígida línea de eventos y orden esperado, los autistas, especialmente aquellos con el denominado *Síndrome de Asperger*, muestran capacidades impresionantes, como la habilidad para interpretar melodías, recordar eventos, asociar patrones, detallar estructuras o hacer cálculos matemáticos complejos, y otras tantas expresiones que pueden sorprender a propios y a extraños.

Esas mismas características pueden ser vistas en algunas empresas u organizaciones, donde el esquema lineal, inflexible y repetitivo, no permite ningún tipo de alteraciones o cambios.

Todo debe hacerse como se ha establecido, sin excepciones ni adiciones, pues tal y como se ha concebido el orden de las cosas éstas deben permanecer.

En ese tipo de empresas la *"resistencia al cambio"*, como suele interpretarse, no existe.

Simplemente el cambio no es una opción, por lo que no puede existir algo que se resista a lo que no existe en su particular burbuja laboral.

Al igual que en las expresiones humanas, estas *organizaciones autistas* presentan habilidades extra-ordinarias en el nicho de negocio en el que participan y, bien llevadas, pueden generar un superávit significativo, liderar un mercado, ser la piedra angular de la actividad o el ente con mayor peso.

Sin embargo, a diferencia del autismo clínico, donde quien lo presenta no necesariamente sabe que lo posee, las empresas pueden estar en completo conocimiento de su condición autista y sacarle provecho a ello, o ignorarlo completamente y encontrarse con otros que se beneficiarán de sus aparentes limitaciones.

Independientemente de cómo sea, ese *autismo organizacional* pasa a ser el elemento determinante en la cultura de la empresa, la cual somete a sus colaboradores a regirse por las reglas y reglamentos que se han establecido, para impedir que algo, lo más mínimo, cambie dentro de ella.

Ese sometimiento reduce considerablemente las capacidades y condiciones profesionales de quienes hacen vida laboral dentro de estas empresas autistas, pues como en su homólogo clínico, la comunicación es significativamente limitada y, usualmente, está circunscrita a lo que el autista requiere, demanda o necesita, y quienes lo circundan tienen que procurar atenderle, pues, de lo contrario, puede alterarse el orden y generar respuestas inesperadas.

El *autismo organizacional* es más común de lo que se cree, existen muchas expresiones de rigidez que rayan en lo patológico, pero que por desconocimiento o ignorancia son catalogados como expresiones propias de "un tipo de administración o negocio" y asumidos como "normal".

Las empresas autistas pueden ser diagnosticadas y sometidas a "tratamiento" pues, tal y como ocurre en los casos humanos, existe la posibilidad de llevar una vida "laboral" completamente normal, si se maneja de manera profesional y con tino.

Las organizaciones con autismo, debido a su rigidez, exceso de rutinas y particular visión de la realidad laboral pueden, a través de sus exigencias, procesos y métodos, extinguir los sueños de los empleados que no están familiarizados con el trastorno, y que no se sienten suficientemente identificados con la empresa como para sobrellevar su condición.

A diferencia del autismo humano, el autismo organizacional sí representa un problema, esto responde a que su aparición no es producto de un trastorno neurobiológico, sino de visión limitada y a la existencia de un liderazgo autocrático, rígido y sistemático.

Si bien es cierto que no se puede descartar, que las empresas que muestran esta condición, pueden ser gerenciadas por personas que han sido diagnosticadas con *Asperger*; no es menos cierto que se tratarían de casos muy escasos y particulares.

Por lo general, el *autismo organizacional* se experimenta cuando, quienes rigen la empresa, consideran válidas algunas prácticas en desuso, como lo son la autocracia, las políticas y normas coercitivas, la comunicación en cascada, el exceso de supervisión e incontables controles en procesos y desempeño.

Elementos como inseguridad, carencia de liderazgo y ausencia respeto, tanto por las personas como por su bienestar, también suelen estar presentes en las empresas con este trastorno.

LA PERTENENCIA COMO VALOR

OTRA RAZÓN PARA PERDER EL ALMA

Desde que se consideró, como una exigencia de la administración moderna, decretar la visión y la misión de la empresa; hacer lo propio con los valores, no tardó en convertirse en un requisito *sine qua non* para completar las bases de cualquier organización y así modelar el comportamiento esperado de quienes la hacen posible, o bien, como parte de las herramientas que se requieren para alcanzar los objetivos deseados.

Son muchos los valores que se decretan y por ende se definen, los cuales van desde la honestidad y el comportamiento ético, hasta la importancia que han de poseer los accionistas y el talento humano en la empresa.

Pero hay un valor en particular que merece atención y cuidado y, al parecer, es uno de los que más se listan en las empresas que quieren impulsar el compromiso de su gente —en el sentido tradicional de la palabra—, y que termina por generar desapego, desinterés e incluso resentimiento entre sus colaboradores, creando daños de tal magnitud que ponen en riesgo el alma de las empresas.

Se trata del *sentido de pertenencia*.

El *sentido de pertenencia* sugiere, en casi todas sus definiciones, que la empresa pertenece a todos y, por lo tanto, los empleados deben sentirse dueños, propietarios y hasta accionistas de la firma donde prestan sus servicios.

Lo anterior responde a una sencilla razón: si los colaboradores sienten a la empresa como suya, con certeza procurarán lo mejor para ella, ya que, en la mayoría de los casos, las personas valoran más lo que sienten como propio.

De acuerdo al Dr. Amauri Castillo, en lo que respecta a la sociedad, "el sentido de pertenencia fortalece el sentimiento de que todos somos uno, que es como decir que (...) todos nos pertenecemos (...) y por tanto debemos (...) socorrernos mutuamente". [9]

En el caso de las empresas, se refiere "a propiedad que tiene una persona sobre un objeto o un bien material. Es decir, (...) muestra la relación que existe entre el dueño de una cosa y dicha propiedad, [además] aporta unos derechos concretos al dueño sobre el uso y disfrute de ese bien material". [10]

Si bien es cierto que cuando se posee algo valioso, y se está consciente de ello, se le presta mayor atención a su cuidado, se imprime mayor esfuerzo al desarrollo y crecimiento de ese algo y, obviamente, se defiende con interés y valentía; no es menos cierto que para que ello ocurra la posesión debe significar un genuino beneficio para quien la experimenta, pues, de lo contrario, no se genera tal conexión ni se procura su defensa.

Las empresas que enarbolan el *sentido de pertenencia* como un valor organizacional, deben comprender que, cual un conjunto de acciones, están dividiendo el valor de la empresa en tantas unidades como empleados posea; esto quiere decir que los empleados son accionistas de la empresa y por ende tienen los derechos y los deberes que ello le concede.

Se trata de una lógica sencilla pero determinante:

Si la empresa debe ser observada como una pertenencia, se debería tener derecho a cambiar las cosas que no se comparten con ella, aquellas cosas que pueden alimentar la inequidad y, obviamente, las que interfieren con el alcance de las expectativas y la materialización de los sueños.

Y es justo en ese punto, donde ese valor se vuelve contradictorio.

Según se declara en este valor, los empleados deben sentir los procesos, los objetivos y las funciones como algo propio, así como a la empresa misma.

Por lo tanto, todos los empleados están llamados, de manera personal, a procurar el alcance de los objetivos, realizar con profesionalismos los procesos y cumplir con sus funciones, así como llevar en alto el nombre de la empresa, y eso está bien.

No obstante, deben realizar todo lo anterior, sin que su palabra sea considerada lo suficientemente importante como para modificar lo que se cree medular, pues esta facultad no está habilitada dentro de los parámetros del valor que la empresa pregona y es exclusiva de sus dueños o líderes.

¿Tiene esto sentido? Pienso que no.

La verdad es que, bajo la concepción tradicional, la empresa no pertenece a los empleados, pues éstos deben ajustarse a las reglas y reglamentos pre-existentes y seguir la línea que se les ha trazado.

Los empleados no pueden hacer cambios a su antojo, deben respetar el orden jerárquico y, por ende, están sometidos a la tutela de aquellos a quienes, por derecho, les corresponde dictar y hacer cumplir las normas.

Por lo tanto, cabe preguntar:

¿Cómo asimilar el sentido de pertenencia cuando hay cosas en las empresas que no nos pertenecen?

Es común observar empresas cuyos estacionamientos (parkings), amplios y techados, sólo están dispuestos para su directiva, así como los espacios para reunirse, comer, recibir visitas y, en algunos casos, para descansar y relajarse; espacios que derrochan comodidad y lujo, mientras que los lugares que están dispuestos para los empleados carecen de tales características y beneficios o, si los poseen, no alcanzan el mismo nivel de sofisticación.

La misma situación se repite en los casos relacionados con recompensas, reconocimientos y bonos (primas), sólo por citar algunos; los cuales suelen diferenciarse, de acuerdo a la jerarquía que se posea, distando mucho en calidad y cantidad, si se comparan los beneficios que reciben los jefes, gerentes y ejecutivos, con los que se ofrecen al resto del personal, tendiendo estos últimos a no coincidir con el esfuerzo realizado por la mayoría de los empleados medios y de base.

Si la empresa pertenece a todos ¿por qué habría de alimentarse la inequidad? ¿o es que acaso son solo las metas, normas y políticas las que deben ser entendidas como propias?

Obviamente, no se pretende con esta reflexión sugerir ni alentar expresiones unilaterales que procuren generar una línea única en todos los que hacen vida en la empresa, expresiones que de manera abrupta y sin sentido desmantelan la estructura de la organización y le ofrecen la responsabilidad a las bases, sin considerar sus competencias ni capacitación, como puede ocurrir en situaciones no convencionales; pero, si se intenta develar una profunda contradicción, entre lo que se promueve y se ejecuta, en las empresas que contienen dentro de sus valores el mencionado *sentido de pertenencia.*

Si en verdad desean que sus colaboradores las sientan como propias, quienes dirigen a las empresas, deben evitar el trato desigual, así como las amplias y marcadas diferencias. Deben estimular, modelar y valorar la participación constante, entre todos los que integran a la organización, dar justo valor al esfuerzo, sin importar en dónde este se observe, y generar el mismo bienestar y desarrollo, con base en el mérito y la dedicación, en todos los niveles por igual.

Si las empresas quieren que sus empleados las sientan como propias, deben romper los esquemas tradicionales y hacer partícipes tanto de las ganancias como de las inversiones y gastos a su personal, de las decisiones que pueden mantener, sostener y perpetuar el ejercicio de la organización, o bien, cambiar el rumbo y propósito de la misma, así y solo así realmente les pertenecerá a todos y les dolerá de la misma manera en que les impulsará, ya sean sus desaciertos o éxitos, respectivamente.

Pero para poder hacer lo anterior, debe existir un importante nivel de madurez entre los que componen la empresa y quienes la dirigen, que facilite no sólo la transferencia de la posesión de la misma, sino la responsabilidad que ello significa.

La empresa no puede pertenecer a todos sólo en los aspectos que a la directiva le convenga, pues sería una posesión parcial y limitada que generaría confusión, y con ello, expresiones de desapego y desinterés. Es sólo cuestión de ponerse en el lugar de quien experimenta esa situación: La empresa le pertenece cuando modela los valores que ella ha decretado y divulgado, pero no le pertenece cuando él plantea o propone hacer cambios que la afectan de manera directa, ya que en ese caso, únicamente debe acatar órdenes y aceptar a la empresa como es.

Es por todo lo anterior, que la declaración del tan mencionado valor, no puede hacerse a la ligera, no puede enarbolarse como tal, si no se entiende la connotación y el alcance del mismo, si en verdad no se está dispuesto a escuchar, dejar participar y respetar, no sólo la opinión, sino el deseo de quienes hacen posible a la empresa.

De lo contrario, la tenencia del *sentido de pertenencia* en el listado de los valores de la empresa, sólo será una declaración enunciativa y estéril, lo que hará, de manera inmediata, que se dude de la veracidad e importancia de los otros valores que la organización declara y reclama como propios, cuando los empleados se percaten de su contradicción, pues si en verdad ésta no le pertenece más que a quienes la rigen, aun cuando en sus valores expresan que todos deben sentirla como propia, ¿qué quedará para el resto de sus declaraciones?

El resultado que se obtendrá en el momento en que los colaboradores se den cuenta de tan escandalosa contradicción, será el mismo que ya se ha señalado: desconexión, desapego y pérdida de la identificación con la empresa, ya que la polaridad de la valoración se inclinará al cuestionamiento y la desconfianza; al incrementarse tales sentimientos se reducirá la productividad, se trabajará por trabajar y se iniciará la búsqueda de concordancia entre sueños y expectativas, promesas y desarrollo, en otras latitudes y, finalmente, la empresa se encontrará en riesgo de perder el alma.

Es importante señalar, que los valores no se declaran ni se decretan, en su lugar, los valores se identifican y se documentan.

Los valores son el reflejo de cómo se operacionalizan tanto el propósito, como los principios y la filosofía de la empresa, así como el reflejo de la conducta del talento que se contrata.

Una empresa puede decir que uno de sus valores es la honestidad y luego observar, con asombro, cómo algunos de sus directivos son señalados de deshonestos.

Los valores son las expresiones comunes y observables de la cultura organizacional.

Si las personas no sienten que la empresa les pertenece, por más que un valor lo decrete, eso jamás cambiará.

AGNOSIA Y GERENCIA

OTRO DIAGNÓSTICO DE CUIDADO

En el mundo de la psicología y la neurología, entre otras disciplinas médicas asociadas; el término *agnosia* es ampliamente conocido y manejado.

En un sentido simple y directo, podría decirse que la *agnosia* se trata de la "incapacidad de reconocer cosas y personas, a pesar de funcionar bien los órganos sensoriales" [11], por lo que puede ser identificada en los cinco sentidos y catalogada de: auditiva, visual, olfativa, gustativa y táctil.

La *agnosia*, es uno de los tres síndromes cognitivos, le acompañan la *afasia* y la *apraxia*, pero, en este caso, sólo se hablará de la *agnosia*.

La *agnosia* es diagnosticada en algunos períodos de la educación infantil y se ha rastreado hasta experiencias adultas, donde no es ajena, pero...

¿Puede estar presente en los estilos de dirección y gerencia?

La respuesta, lamentablemente, es completamente positiva, aunque con algunas variaciones desde el punto de vista administrativo, que la diferencian del diagnóstico clínico.

Durante el ejercicio laboral las personas suelen ser evaluadas por su esfuerzo, dedicación y antigüedad.

Los éxitos de algunos empleados o directivos, durante su ejercicio activo dentro de la empresa, son recordados como leyendas, en cualquiera de las ceremonias, donde sea posible exponerlos como símbolos de constancia e inspiración.

Las personas que tanto han apoyado al éxito de la empresa son verdaderos íconos, y suelen usarse como ejemplos a seguir hasta que cometen un error, se equivocan, o repentinamente dejan de proveer los resultados que solían convertirla en objetos de veneración.

Pero todo eso puede cambiar de la noche a la mañana.

Pérdida de la memoria

Inesperadamente, ante una variación de los indicadores, la toma de una mala decisión, o bien, el señalamiento, realizado por un tercero, que la ubican como la artífice de algo que no es apropiado para la empresa, aunque no existan pruebas que lo sustenten, así como en otros tantos giros que pueden hacerla perder su impulso; hacen que la persona, antes identificada como exitosa, pierda todo cuanto construyó.

Ante esa situación pareciera que todos esos éxitos y celebraciones, distinciones y aplausos correspondieran a una figura distinta y completamente diferente, dejando sin mérito alguno a la persona que, pocos momentos atrás, era admirada.

Lo anterior forma parte de lo que he denominado la *agnosia gerencial*.

Como en la *agnosia clínica*, los órganos sensoriales de quienes han olvidado todo lo valioso que el empleado ha hecho por la empresa, continúan funcionando a la perfección, pero aun así son incapaces de recordar y reconocer que se trata de la misma persona que días atrás era expuesta como un ejemplo a seguir.

No importa cuán grave o risible haya sido el error, en algunos casos ni siquiera es real y tan sólo se presume su existencia. No obstante, quienes lo consideran grave o inaceptable, resaltan sus posibles consecuencias, y todo cuanto esa persona exitosa ha hecho en el pasado, queda completamente invalidado.

La presencia de la *agnosia gerencial* es un asunto de cuidado, pues su mensaje es claro y directo: la persona valdrá para la empresa hasta que haya una razón, cualquiera que sea, para perder su lugar en ella.

Esta situación, hace que los empleados se encuentren sometidos a un estrés general que afecta su desempeño, así como su credibilidad en la empresa.

Esa tensa calma que este tipo de *agnosia* genera, es un síntoma que impulsará a los colaboradores a perder la identificación que tienen con la empresa, y los hará procurar otro escenario donde se dé valor a los éxitos pasados ante una variación en los resultados, una decisión desacertada, una acusación infundada o cualquier cosa que ponga en tela de juicio su desempeño.

Aunque no lo parezca, la *agnosia gerencial* puede ser sufrida tanto por propios como por extraños, y esto, más que una característica, es una advertencia para aquellos que la muestran de manera indiscriminada.

Véase de este modo, si usted ha olvidado las razones que hacían especial a un colaborador con mucha facilidad, no puede esperar que en su caso, si le toca estar del otro lado del escritorio; la velocidad con la que sus supervisores hagan lo mismo sea menos rápida, convirtiéndolo, en un instante, en una persona completamente irreconocible para la empresa, como consecuencia de cualquier error que usted haya cometido.

Pérdida del olfato

Otro de los síntomas de la *agnosia*, además de la pérdida de memoria, es la pérdida del sentido del olfato.

En el caso de las empresas, este síntoma se asocia a la pérdida de sensibilidad ante los problemas, percances u oportunidades que los empleados puedan experimentar.

Como se sabe, algunas empresas son extremadamente rígidas, en cuanto a sus políticas, normas y procedimientos, llegando al extremo de mostrarse carentes de emoción ante situaciones que afectan la realidad social y personal del individuo.

En algunos casos, por ejemplo, las empresas son capaces de restringir el luto, por la pérdida de una persona cercana, a tan sólo tres días y, de tratarse de una persona lejana a la familia, ese periodo se reduce a tan sólo un día.

En otros casos, tales incongruencias pueden encontrarse en momentos nada desfavorables, como graduaciones, compromisos, bodas o eventos sociales de envergadura, donde, con suerte, se gozará de algunos días, o la mitad de uno, para poder disfrutarlos.

Si bien es cierto que algunas empresas han sumado días de permiso a cualquiera de esas situaciones, en sus contrataciones colectivas, no es menos cierto que, por lo general, se han visto obligadas a hacerlo por exigencias de la ley, como ha ocurrido, por ejemplo, con el permiso de maternidad que ahora cubre también al padre, en algunos países, así como los espacios dedicados a la lactancia por parte de la madre.

En algunos casos, esos beneficios se han visto incrementados gracias a las presiones impulsadas por los sindicatos.

Otro ejemplo, de esa falta de sensibilidad, puede encontrarse en los burocráticos comités que estudian la pertinencia o no de otorgar beneficios económicos a los empleados que cursan estudios, o bien, en la negativa de reducir sus jornadas de trabajo para que puedan atender las clases.

Aunque sobran los ejemplos, este síntoma de la *agnosia gerencial* es uno de los más comunes, usualmente se escuda en las políticas de la empresa, escritas o no; para ignorar, rechazar u obviar los requerimientos sociales, personales y familiares que presentan los empleados.

Como es de esperar, este síntoma de la agnosia gerencial alimenta el resentimiento, la desconexión y la apatía, por parte de los empleados hacia la empresa, así como menoscaba su identificación con ella.

Identificación de objetos y personas

Finalmente, la *agnosia* clínica presenta como síntoma la dificultad de identificar a personas u objetos, lo que puede asociarse, en el caso de las empresas, a la imposibilidad de identificar al talento que está presente en sus empleados.

Cuando una empresa padece de *agnosia gerencial*, se le dificulta identificar, reconocer y promover el talento de sus propios colaboradores.

Quienes ejercen la gerencia se quejan constantemente de la calidad de sus empleados, independientemente del valor que ellos poseen y que es evidente en la operación, esto debido a que son tanto cognitiva como físicamente incapaces de reconocerlo.

Este síntoma es complicado, puede suponer la carencia de objetividad, profesionalismo y racionalidad, sometiendo a los empleados a un abuso emocional constante, debido a que se les califica de incompetentes, aunque no lo son.

La imposibilidad de reconocer el talento de los colaboradores, además de los problemas que se han mencionado en el síntoma anterior, conlleva a la manifestación de dos posibles conductas:

1. Los empleados se resignan, asumiendo que son incapaces, tal y como constantemente sus supervisores lo señalan, y terminan actuando como *zombis organizacionales*, lo que se entiende como una *conducta implosiva*.

2. Los empleados rechazan el maltrato verbal y emocional y deciden retirarse de la empresa convirtiéndose, de manera inmediata y en el mejor de los casos; en la peor publicidad que la misma pueda poseer, lo que, en el mediano plazo afectará su imagen y reducirá el interés de los candidatos por formar parte de ella. Esto se entiende como una *conducta explosiva*.

En cualquiera de los dos casos, la empresa se verá afectada, ya sea por un rendimiento promedio tendiendo a mediocre o por la mala imagen que se irá esparciendo en el mercado donde opera.

La *agnosia gerencial* es una enfermedad de cuidado, una vez diagnosticada debe ser atendida de urgencia y se deben revertir sus efectos haciendo uso de la *coestima* y otras herramientas destinadas a la valoración de las personas y a facilitar el alcance de sus sueños.

Como se ha visto, la *agnosia gerencial* es una enfermedad que pone a las empresas en riesgo de perder el alma.

LAS CRISIS Y LOS DESPIDOS

¿CUÁN IMPORTANTE ES SU GENTE?

Cuando una empresa enfrenta una crisis financiera, es inevitable hablar de ella, de sus efectos, sus oportunidades y cuanta cosa se considere importante destacar para prevenir acciones, orientar las estrategias o aprovechar la coyuntura. Y eso está bien.

Pero, en definitiva, no está bien hacer uso de la crisis para justificar decisiones que, en tiempos pasados, no se habrían llevado a cabo.

Es un hecho, tal y como pasó en el año 2008, con la crisis financiera y, posteriormente, en 2020 con la pandemia causada por el Covid-19, la economía mundial obligó a las empresas a tomar decisiones rápidas y efectivas, que garantizaran la continuidad del negocio y su salud laboral

Por supuesto, cada empresa, ya sea de manera individual o en conjunto, debe buscar fórmulas para superar las limitaciones y fortalecerse aún en estado de crisis, e incluso, si eso significa hacer algunos sacrificios, pero ¿cuáles?

Despedir a buena parte de los empleados, debido al cierre de plantas de producción, a los recortes por la caída de la demanda, o bien, por la reorientación de esta última, es uno de los sacrificios más generalizados.

Es curioso ver cómo cambian los conceptos cuando el panorama financiero también lo hace.

Cuando todo marcha según el plan las empresas tienden a hablar de sus empleados como *el recurso más importante*, pero cuando en el panorama se asoma una crisis en lo primero que se piensa, como una fórmula efectiva para hacerle frente a la disminución de los ingresos; no es otra cosa que despedir al otrora principal recurso.

Es así, la gente, el activo más importante pasa a convertirse en lo primero que debe racionalizarse. Y vemos como a lo largo de todo el mundo las corporaciones despiden personal justificando su salida en la crisis financiera debido a que ya no es posible garantizar sus puestos de trabajo. Esto es realmente interesante, también es válido en algunos casos, pero es importante reconocer que no es válido en todos.

Lo paradójico de esas decisiones, es que los cargos que usualmente se someten a reducción no son los que representan un verdadero peso económico para la empresa, pues ocupan posiciones básicas o medias.

En la mayoría de los casos se despide a las personas que hacen el trabajo más operativo o con menor responsabilidad estratégica, recargando de esa responsabilidad a los llamados sobrevivientes.

Vale la pena preguntar:

¿No sería más eficiente disminuir los sueldos y beneficios del personal directivo y/o ejecutivo?

¿O, a la par, bajar los porcentajes de ganancias de los productos y servicios que se comercializan para garantizar el flujo de caja?

No es un secreto que el sueldo de un alto ejecutivo puede llegar a representar, siendo conservadores, no menos de veinte veces el sueldo mínimo de los trabajadores de una empresa, en algunos casos; sin sumar bonificaciones y otras regalías propias de su cargo.

Si los ejecutivos están buscando constantemente lo mejor para la empresa, para mantenerlas activas y rentables; siendo ellos los primeros en exigir lo mismo de los demás, entonces ¿qué les impide sacrificar parte de su sueldo por un tiempo determinado? ¿qué les impide pensar en la disminución de algunos beneficios para así apoyar a la empresa?

La reducción de ingresos de la alta gerencia, como una estrategia momentánea; podría servir para garantizar los puestos de trabajo de los empleados.

Ese acto sería una muestra de compromiso con aquellos que hacen posible a la empresa, una manera de demostrar que están verdaderamente conectados con sus necesidades y entienden que, dejándolos en la calle, no es la mejor forma de agradecerles por sus servicios.

Claro está, no sólo los altos ejecutivos y personal directivo deberían plantear, apoyar y concretar esa estrategia, tanto los altos representantes sindicales, como otros entes de similar impacto, están llamados a dar el ejemplo y procurarlo todo para mantener al personal contratado.

A la anterior estrategia, debería sumársele la iniciativa de reducir el margen de ganancia de algunos productos y servicios, pues, al abaratar los precios de comercialización de cada uno de ellos, se hacen más accesibles y, por ende, más susceptibles a ser adquiridos o utilizados por quienes tienen la necesidad de hacer uso de ellos, o bien, por quienes simplemente quieren comprarlos.

Ahora bien, para ninguna organización es un secreto que es muy poco lo que realmente se logra ahorrar cuando se reduce la fuerza laboral, específicamente, cuando se despide al personal base, en especial si esa acción no está vinculada a otras medidas que realmente impacten los egresos de la empresa.

Además, no resulta del todo lógico que, en tiempos de crisis, sean únicamente los empleados medios o de base quienes deban experimentar la parte más cruda, pues, al ser así, se estarían contradiciendo todos los discursos que exigen a los colaboradores poseer un alto compromiso con la empresa.

Aunque este planteamiento podría resultar simplista, pues no se ha hablado de los costos laborales, de las exigencias presentes en los contratos colectivos, la disminución de la producción a causa de la reducción de la demanda y otras variables; definitivamente no lo es.

Veamos. Es cuestión de usar la lógica:

Las economías capitalistas se alimentan de los consumidores, si las personas pierden sus empleos, obviamente, el consumo se verá afectado y con ello el ingreso de las empresas que ofrecen sus productos y servicios, por lo que resulta más lógico garantizar que exista gente que, aunque poco, continúe consumiendo, en lugar de asfixiar la economía incrementando el desempleo.

Adicionalmente, no parece serio ni profesional, al iniciar una escalada de despidos; insinuar a las personas que son valiosas y, a la vez, son consideradas el activo más preciado, mientras las condiciones económicas no cambien en un sentido desfavorable para la empresa.

Cuando se planteó este análisis, en 2008, parecía poco probable que las organizaciones accedieran a aceptar la disminución de los salarios de sus ejecutivos como una estrategia válida para mantener la operación y, a la vez, demostrar el compromiso con sus colaboradores.

Sin embargo, con la llegada de la pandemia en 2020, doce años después de esta propuesta hipotética, basada en el análisis del discurso organizacional que, en teoría, situaba a los colaboradores como un recurso fundamental, pero, en la práctica, era la primera opción de los recortes; algunas empresas demostraron que no sólo era posible, sino que disminuir el sueldo y los beneficios de sus ejecutivos, para apoyar a los empleados, tenía que ser una estrategia que precediera a los recortes del personal.

Empresas como la NBA, Banco Santander y MET Energía España, disminuyeron en un 20% los ingresos de sus ejecutivos.

En otros casos, se redujo hasta en un 50% los márgenes de ganancias de productos y servicios para facilitar su adquisición y, el Barcelona FC solicitó a sus miembros y deportistas disminuir en un 10% sus ingresos, de manera voluntaria, para paliar la crisis producida por la pandemia.

Es simple. Hablar de compromiso cuando la operación está en su mejor momento, es muy fácil y, en la mayoría de los casos, recae en el personal medio y base demostrar que están dispuestos a dar lo mejor de sí en beneficio de la empresa; pero hablar de compromiso, frente a una crisis, traslada la responsabilidad al personal ejecutivo de demostrar que es capaz de hacer sacrificios, que realmente valoran al alma de la empresa, pues, de lo contrario, serán considerados unos hipócritas.

CONTRATACIÓN SUBJETIVA

ENTRE JUICIOS DE VALOR Y CORAZONADAS

La selección de personal es uno de los procesos más importantes que existen dentro de las funciones de la Gestión Humana, ya que, a través de él, se logra captar al personal que se requiere para hacer de la empresa una entidad exitosa, atractiva y rentable.

Sin embargo, existen algunas distorsiones que, aunque parezcan propias del área, restan valor al proceso de selección y terminan siendo causantes, en la mayoría de los casos, de la pérdida de candidatos valiosos.

Esas distorsiones provienen de la excesiva importancia que se le da a la experiencia, en materia de selección, y a la sobrevaluada confianza que se logra depositar en ella, especialmente cuando la persona responsable de seleccionar, ha perdido la capacidad de aceptar que puede equivocarse o que su juicio puede estar sesgado o limitado.

Aunque es usual que los llamados expertos se muestren seguros y confíen en lo que hacen, no siempre sus opiniones están basadas en análisis fundamentados y criterios profesionales, en algunos casos, se pueden tratar de simples corazonadas o juicios de valor meramente apreciativos.

No resulta muy difícil determinar cuándo la decisión, que toman los responsables de la selección, está basada en un hecho objetivo, y no simplemente en una apreciación personal que puede privar a la empresa de la gente correcta; sólo hay que conocer la manera en que emiten dicho juicio.

Buena parte de los profesionales dedicados a la selección del talento humano saben que la palabra, como pieza clave de la comunicación, ofrece una idea del tipo de persona con la que se trata, no sólo como se articula y engrana la palabra, sino la manera en que se expone frente a un contexto determinado.

Las expresiones y frases pueden facilitar, a quien sabe interpretarlas, la identificación de juicios emitidos profesionalmente, o si han sido dichas para adivinar o para parecer eruditos frente al interlocutor.

Sin embargo, así como se evalúa la manera en que se expresa un candidato, se puede realizar la misma práctica con quien realiza la entrevista, o bien, cuando argumenta sobre la selección de un candidato en particular; con el fin de establecer si se está frente a una valoración objetiva y profesional, o se trata simplemente de una argumentación subjetiva.

Un ejemplo de lo anterior, tal vez el que ocurre con mayor frecuencia, es la odiosa afirmación que algunos profesionales dicen, al momento de entrevistar a un candidato. Quién no ha escuchado, como parte del proceso de selección, la frase *"no lo veo ejerciendo ese cargo"*.

Cuando un entrevistador expresa de manera directa y contundente que *no ve* al candidato en un puesto en particular, no sólo demuestra una carencia de objetividad, sino que resulta evidente su desco-nocimiento total en cuanto al proceso de la selección.

Aunque podía decirse que se trata simplemente de una expresión, no parece ser un juicio propio de un experto, y menos de un profesional, asegurar que *no ve* al candidato en un área,

Es sencillo, no es el entrevistador quien debe *ver* al candidato en el puesto, debe ser el aspirante quien se logre *ver* en el ejercicio de ese cargo.

El responsable de la selección debe dedicarse a comparar las coincidencias del perfil del candidato, relacionadas con la vacante, en cuanto a experiencia, conocimientos, nivel académico y otras competencias, y hacerlo antes de entrevistar al postulante, ya que una vez en presencia de él, sólo debe corroborar lo que ya ha observado durante el estudio de su resumen curricular y/o el resultado de las pruebas que le haya realizado.

Es incorrecto señalar, tanto al aspirante como al responsable de la vacante, que *no se ve* al candidato en ese puesto en particular pues, como ya se dijo, no le corresponde al responsable de la selección *verle* en él, su trabajo es determinar si el candidato cubre o no las expectativas del cargo.

Si de *ver* se tratara, muchas figuras históricas habrían sido descartadas de inmediato, debido a la apreciación que le otorgaran sus evaluadores.

Por ejemplo:

- *Cristóbal Colón* no parecía ser el apropiado para realizar la empresa que sugería.

- *Benjamín Franklin* apenas si había estudiado como para poder pretender escribir artículos en algún periódico de respetada reputación.

- *Albert Einstein* era un funcionario de una oficina de patentes, no parecía poseer las características propias de un genio de la física; y

- *Alejandro Magno* era muy joven como para conquistar el mundo conocido.

Pero, la misma historia ha demostrado que no se trataba de lo que los demás *piensen, crean* o *vean* sino de cómo se observe el candidato a sí mismo en una determinada posición, y los resultados hablan por sí solos.

¿Cuántos profesionales con excelentes competencias no habrá rechazado su empresa a causa de esta práctica incorrecta de no *verle en un puesto en particular*?

Otra de las manifestaciones que denotan un juicio basado en aspectos subjetivos, que pueden hacer que la organización no seleccione a potenciales líderes transformadores, es aquella que se dice a la ligera, sin percatarse del impacto que puede poseer, esta es: "*No me gusta ese candidato*".

En primer lugar el proceso de selección no es un concurso de belleza, de popularidad ni mucho menos de simpatía, es un asunto de seriedad y profesionalismo.

Si bien es cierto que no debe obviarse el hecho de que es importante la existencia de una fluida, cómoda y amena interacción entre el candidato y el responsable de la selección, así como con el encargado del área donde se encuentra la vacante; no es menos cierto que no todas las relaciones humanas se interconectan de manera inmediata y que algunas personas suelen ser cautelosas en los ambientes donde poseen poca o ninguna información, o que por su naturaleza suelen ser directos, abiertos, o bien, cerrados y circunspectos.

La selección de personal no puede orbitar sobre la expresión de gusto o disgusto que pueda poseerse con relación a un candidato, pues ésta también resulta incorrecta y poco profesional.

El candidato se ajusta o no al perfil, cubre o no las expectativas del cargo; no está obligado a cubrir las expectativas o gustos particulares de los responsables de selección, pues, si se tratara de cubrir las expectativas de quienes seleccionan, el proceso dejaría de ser una práctica administrativa y debería ubicarse, ya sea en un certamen de simpatía, o bien, en algún tipo de arte o concurso de expresión social.

La historia también está llena de ejemplos donde personas que fueron rechazadas por juicios sub-jetivos, terminaron por ser responsables del logro de objetivos ambiciosos y, por ende, se convirtieron en piezas clave para el éxito de la empresa.

Quizás el caso más recordado, por su dramatización en el cine, se encuentra en la película *The Blind Side* (2009).

La historia gira en torno a *Michael Oher*, el jugador de *football* americano, quien fue víctima de rechazo por sus profesores, compañeros de juego y su propio entrenador, debido a que *no les gustaba* (e incluso *no lo veían*) como miembro del equipo; y terminó siendo una verdadera estrella en esa disciplina.

Si bien hay más expresiones incorrectas, que manifiestan la falta de objetividad en la selección de personal y pueden ser causantes de la pérdida de un talento humano valioso; las dos que se han descrito son las de mayor uso y las que, por lo tanto, pasan desapercibidas en el ambiente organizacional.

Un profesional del área, que se precie de serlo, evita el uso de la frase *"no lo veo en el cargo"*, no la dice al candidato y menos al cliente, ya sea externo o interno, por el contrario, en lugar de alimentar ese juicio subjetivo; orienta su criterio a los aspectos curriculares de la posición que, siendo vitales para el ejercicio de la misma, no los observa suficientemente desarrollados en el aspirante, de acuerdo al porcentaje mínimo exigido por el perfil del cargo.

Si el candidato se ajusta a la búsqueda, en lo que corresponde a las exigencias para ejercerlo, pero carece de una actitud similar o parecida a los miembros que conforman el equipo, difícilmente, como profesional, el responsable de la selección expresará su desaprobación indicando que *no le gusta* el aspirante.

Por el contrario, se dedicará a resaltar los aspectos que ha logrado identificar, según los estudios y las mediciones que haya realizado y, sin descalificar al candidato, dirigirá la atención a los postulantes que poseen mayores coincidencias con el perfil.

Decir "*no lo veo en el puesto*" o "*no me gusta este candidato*" demuestran, como ya se señaló, ausencia de criterios, carencia de objetividad y falta de profesionalismo.

Las empresas no se deben conformar con opiniones personales basadas en criterios subjetivos que en poco o en nada ayudan a la selección de las personas correctas.

Para seleccionar al talento humano se requiere de agudeza, equilibrio y objetividad, no se puede rechazar a una persona por causa de una *miopía profesional* que impida verla en una posición donde ella misma se percibe capacitada para ejercerla y esté dispuesta a asumir el reto que representa; o por la carencia de los criterios propios del área que impidan evaluarla con objetividad.

Es importante recordar que *las personas valen más por lo que pueden hacer que por lo que han hecho.*

Ahora bien, las dos prácticas anteriores ponen en riesgo a las empresas de perder el alma que las mantiene vivas, activas y enérgicas.

Cuando la selección se hace con sesgos emocionales, altos grados de subjetividad y carentes de profesionalismo, la empresa no está, necesariamente, ingresando a sus filas al mejor talento humano, por lo que pone en riesgo el ambiente laboral, la conexión de los equipos y el alcance de los sueños y metas que poseen sus colaboradores.

TERCERA PARTE
ALIMENTAR LOS SUEÑOS

SOLO SE MARCHA QUIEN NO ES VALORADO

Una vez comprendida la importancia que posee la gente en la empresa, así como la similitud que poseen las expectativas y sueños de los colaboradores con el concepto del alma, se hace sumamente necesario reeditar, e incluso, desmitificar la práctica organizacional de crear planes para retener al talento humano.

Es mucho lo que se puede leer con relación a la retención del talento. La mayoría de los consejos, libros y tips existentes, van desde la manera en que los planes de retención deben ser concebidos, para que los empleados se mantengan interesados en la empresa, hasta beneficios extraordinarios que la organización debe poseer en esas situaciones que ameriten ir un poco más allá de la oferta inicial.

Este tema preocupa de tal manera a las empresas que ahora se estila preguntar, a los aspirantes que desean ocupar cargos en las áreas de gestión humana o cualquier posición con empleados a cargo; cómo pueden ayudar a detectar, seleccionar y contratar al mejor talento y, a su vez, cómo planean mantenerlo interesados en la organización.

Pues bien, he aquí una revelación importante que usted debe. no sólo conocer. sino interiorizar ante este tema de importancia gerencial:

En el preciso momento que usted empieza a preocuparse por crear e implementar planes de retención del talento humano, no hay vuelta atrás, usted ha dejado de ser una opción atractiva, rentable y competitiva en el mercado laboral, y si no hace algo por cambiar eso en lo que se ha convertido, no habrá plan que valga para que su gente continúe haciendo a su empresa posible.

Sí, como lo ha leído: los planes de retención del talento humano son, en definitiva, la declaración oficial de que su empresa carece de atractivo, beneficios y condiciones ideales para que la gente desee pertenecer a ella.

Sé que tales afirmaciones han de parecerles radicales y, en el mejor de los casos, relativas; sin embargo, permítase hacer estas consideraciones para luego poder llegar a las conclusiones pertinentes con relación al tema:

¿Por qué pierde el alma las empresas?

Aunque ya se ha respondido a esta pregunta, considere lo siguiente.

Además de la desconexión entre los sueños de la gente y los que decreta la empresa, existen muchos y variados factores para que la empresa pierda su alma, en el sentido que ha sido explicado anteriormente; pero los principales motivos que arguye el común de las personas que toman la decisión de irse, o bien reducir al mínimo permitido sus actividades de participación, están asociados a discrepancias con el estilo gerencial, a lo poco o insuficiente de los beneficios socioeconómicos, a aspectos asociados a la inflexibilidad en cuanto a horarios, al estilo de trabajo e implementación de ideas y procesos y, en algunos casos, a la exageración de la presión laboral (casi siempre innecesaria), así como al pesado ambiente de trabajo y escasa o nula posibilidad de desarrollo dentro del escenario laboral y, por ende, a la imposibilidad de lograr ver materializado sus sueños.

Ahora bien, lo anterior ocurre en cualquier tipo de empresa, y se incrementa inversamente proporcional al tamaño de la misma, por ejemplo, si es muy pequeña la firma, será muchísimo más difícil crecer en ella y, como la gerencia está tan cerca de la base la presión se hará presente en casi todo momento.

Si la empresa es muy grande será muy poco probable destacar debido a la departamentalización y el exceso de cargos y burocracia y la presión, ejercida en cascada, termina por asfixiar a los cargos más operativos.

Aun así, independientemente de lo anterior, el talento humano siempre tiene la esperanza de encontrar en otro escenario lo que le es imposible visualizar en el que se encuentra y, ante la ausencia de elementos inspiradores —como lo explica la *coestima*—, termina por decidir probar en otros espacios.

Es precisamente en ese momento, cuando comienza la fuga de talentos, o bien, cuando el recurso humano que se posee descubre que no existe coincidencia entre lo que aspira y lo que la empresa tiene o le ofrece.

Por supuesto, hay organizaciones que no esperan a que su personal comience a dispersarse para empezar a idear planes de retención y ello las hace sentir proactivas y preocupadas por su gente, sin embargo, olvidan que al hacerlo, se están declarando carentes de atractivo y que, adicionalmente, se ha roto o se llegará a romper aquello que alguna vez pudo unirlos.

Es simple, sólo se intenta retener lo que se puede soltar, ir o alejar, de lo contrario, no se hace necesario hacerlo.

Los ejemplos suelen ayudar

Para comprender, de una manera sencilla, lo que se ha afirmado anteriormente, se hace necesario realizar los dos ejercicios mentales que a continuación se detallan:

1. Imagine, por ejemplo, hacer un plan para retener a su pareja (ya sea esposo o esposa, novio o novia), ¿le parecería lógico? Piense, si tiene que preocuparse por retenerla, es porque existe la

posibilidad de que ella, en algún momento, pueda pensar en dejar atrás la relación, lo que podría ocurrir por varias razones:

a) Si el amor que siente por usted deja de satisfacerle y comienza a disminuir (obviamente en escenarios ideales)

b) Si la situación entre ustedes se hace insostenible, o

c) Si ella se percata que con usted no podrá cumplir sus sueños y metas.

Sea cual sea la razón, el sólo hecho de que usted piense en hacer un plan para que ella no se vaya, declarará, de manera inequívoca, que algo en usted dejó de coincidir con sus expectativas y que es posible que ella esté explorando el mercado para conseguir a alguien que sí lo haga, pues, si usted hubiese mantenido el comportamiento, la actitud y las condiciones que hicieron posible que ella se enamorara de usted, o los hubiese incrementado, difícilmente estaría ahora pensando en cómo retenerla y evitar que se vaya.

Está bien, usted podría decir que es un ejemplo muy particular y que es distinto cuando se trata de trabajo, y, aunque tal afirmación no es cierta, pruebe con el segundo ejercicio a ver si esos argumentos aún persisten:

2. Suponga por un momento que su empresa representa a un país próspero, libre y prometedor, escoja cualquiera que usted conozca, ¿Puede imaginar a las personas comprando boletos o buscando cualquier medio posible para salir huyendo de él? ¡Claro que no! Pues nadie, en su sano juicio, desearía salir para no volver jamás de un paraíso y probar suerte en otros escenarios, salvo que ello represente vivir en mejores condiciones que las que ya posee.

Ahora bien, ¿usted conoce algún país próspero, libre y prometedor que tenga campañas para que sus pobladores se mantengan habitándolo? ¡Por supuesto que no! En todo caso, esos países poseen anuncios publicitarios para mostrar lo excelente que es la vida en ellos y, al hacerlo, procuran atraer personas que deseen trabajar para que ese país sea aún más próspero; no hay lugar a duda, es precisamente en los países donde el futuro parece muy poco prometedor, donde las condiciones de vida no son las ideales y en donde las oportunidades escasean, que las emigraciones son constantes, ya sean legales o no.

Muy bien, por lo que puede observarse, lo que ocurre con los países industrializados, ricos y seguros, o bien, con los que carecen de todo esto, encaja perfectamente si se les compara con las empresas, ¿o no es así?

Por lo tanto, hay que redefinir la visión que poseemos de las organizaciones y abrir nuestras mentes a lo que realmente nos conviene comprender.

Veamos.

Se dice que las mejores empresas son las que valoran a su personal y, en verdad, es todo lo contrario:

Las mejores empresas son aquellas en donde el personal valora mucho a la organización, y lo hace justamente porque consigue en ella lo que espera, desea y sueña, que no es otra cosa que un lugar donde crecer y establecerse, desarrollarse y alcanzar sus metas.

Y es que valorar al personal no debe ser una característica aislada y digna de mostrarse como una ventaja comparativa, ya que al destacarlo como algo adicional a los beneficios, pareciera que se trata de algo extraordinario, cuando en realidad no es así, o al menos no en este siglo.

Valorar al talento humano debe ser una condición *sine qua non* que debe y tiene que estar presente en todas las empresas. Valorar al personal debe ser parte de sus bases fundacionales, del ADN de la organización y de quienes la dirigen, no es una opción o algo a lo que se debe llegar después de realizar diversos ensayos.

Debemos estar claros, lo lógico y natural es que la empresa valore a su gente, pues, de no hacerlo, estaría anclada en un pasado que ya ha sido superado y que hoy en día sirve de ejemplo de lo que no debe repetirse.

Aprenda la lección

La lección es simple: si su empresa posee las condiciones adecuadas en cuanto a beneficios socioeconómicos, crecimiento personal y profesional, buen clima organizacional, adecuadas y cómodas instalaciones, un correcto estilo de dirección y gestión, flexibilidad e interés por hacer del trabajo una experiencia grata y satisfactoria, entre otras cosas de similar importancia, ¿piensa usted que tendría que dedicar tiempo a idear planes para que su gente se quede en ella? ¡Por supuesto que no!

Por el contrario, le sobrarán solicitudes para formar parte de su empresa y quienes laboren en ella se sentirán orgullosos de representarla.

Es simple, una empresa que valora a su personal, y se preocupa por facilitar el alcance de los sueños individuales de sus colaboradores; está alimentando el alma de la organización, lo que la hace posible, exitosa y rentable.

El verdadero plan de retención del talento humano debe estar tácito en la visión, misión, metas y objetivos de la empresa, en las políticas y normas que en ella existen, en la manera de gestionar al talento y hacerlo partícipe del logro y éxito de la compañía; debe estar en la forma en que se concibe el trabajo y los procesos que lo integran, así como en la manera de procurar que se sientan cómodos quienes la hacen posible, además de respetados, escuchados y valorados.

De lo contrario la gente se irá. No importa cuánto usted haga o cuánto planifique, porque todo ese esfuerzo individual que realice, poco o nada agregará a la expectativa real de quien desea ver en la empresa un medio para lograr sus objetivos individuales, sin menoscabo de los que la organización posee.

Es vital tener presente que, cuando los planes de retención del talento humano comienzan a ser un punto en la agenda de la empresa; no cabe duda, la organización ha sido diagnosticada como "poco atractiva y competitiva" y en ese caso, cualquier especialista en el campo, o simplemente la experiencia que se posea, les recetarán a sus colaboradores "una breve permanencia en sus filas".

¿Qué hacer?

Cuando lo anterior ocurra, no examine qué le falta al plan de retención del talento humano que ahora posee, ni empiece a preguntarse con qué deberá contar el próximo plan que tendrá que implementar, eso no le servirá de nada.

Lo que usted debe hacer es:

- Examinar las condiciones de trabajo, su estilo de dirección, la flexibilidad y pertinencia de sus normas y políticas.

- Revisar sus beneficios socioeconómicos, así como la relación que existe entre la remuneración y el valor agregado que su empresa ofrece.

- Enumerar las oportunidades reales que brinda para dar cumplimiento a las expectativas individuales de sus colaboradores y, de ser posible ampliarlas, o bien, generarlas, en el caso de que no las tenga.

- Redefinir el alcance de los procesos que ha establecido para facilitar la materialización de los sueños de sus empleados y todo cuanto lo haga poco atractivo.

- Explorar los conceptos de salario emocional y gestores de felicidad en su empresa, si aún no lo ha hecho. Y, si ya lo ha implementado, obviamente, no ha sido de la forma correcta.

Sólo cambiando lo anterior para mejor, de manera genuina y no coyuntural, es que usted podrá seguir disfrutando de la mejor gente, del mejor talento y, al hacerlo, su empresa será cada vez mejor.

Adicionalmente, es importante destacar que es completamente utópico pensar que un plan de retención del talento humano puede revertir, evitar o controlar la fuga de personal idóneo; una vez que se ha roto el vínculo *empresa-empleado* es muy difícil recuperarlo a través del uso de promesas y propuestas de mejoras, en primer lugar porque las mismas suelen llegar *post mortem*.

Lo anterior hace referencia a la visualización de la empresa como un organismo vivo, el cual se trata de revivir después que el sistema límbico se ha desconectado y, por lo tanto, ya no hay respuestas emotivas, ya no hay vínculos emocionales.

Cuando se trata de retener al personal ofreciendo más de lo que se poseía hasta ese momento, quien recibe las ofertas se pregunta por qué las escucha justo en ese momento y no antes de tomar la decisión de partir.

Parece lógico suponer que, en el caso anteriormente expuesto, la empresa pudo haber mejorado las condiciones en las que se encontraba el empleado, pero no consideró que era necesario hacerlo hasta que se dio cuenta de su importancia en el proceso o, peor aún, no quiso hacerlo.

En segundo lugar, dichas ofertas o propuestas de mejoras, ponen de manifiesto una escasa, o bien, ninguna valoración, o conocimiento de las expectativas y metas del personal que se contrata, al igual que la ausencia de *coestima* por parte de la organización, pues de conocerlo y valorarlo se le habría desplegado un abanico de posibilidades inspiradoras, promisorias y de tal atractivo que la idea de abandonar ese escenario sería, en todo caso, la última en ser considerada.

Por supuesto, no es descartable que la empresa posea una línea para crear oportunidades e incrementar el interés de su personal tanto en la organización como en lo que hace, pero dicha línea no debe existir bajo la premisa de ser usada para retener a los colaboradores.

Las empresas deben comprender que serán las coincidencias entre los sueños y metas de los empleados con los sueños y metas de la empresa, así como la satisfacción que experimenten en su labor y la identificación que logren desarrollar con la compañía; lo que harán posible que los lazos entre la organización y su gente se hagan cada vez más fuertes, de ser así, quedarse será la decisión más lógica, no una de las opciones a escoger dentro de un plan elaborado para mantener el interés.

EL HUMOR COMO RECURSO

El PRIMER PASO PARA LA FELICIDAD ORGANIZACIONAL

La película *Patch Adam* (1998), dio a conocer los esfuerzos realizados por un estudiante de medicina quien, en la década de los años 70 del siglo XX, trató de introducir el humor en las terapias curativas en varios tipos de pacientes.

Aunque fue fuertemente combatido, su manera de observar la medicina ha sido reconocida mundialmente y se le cataloga como el creador de la *risoterapia* con fines terapéuticos y de su inclusión en la medicina moderna.

Reír ha resultado ser una de las más efectivas fuentes de salud, hasta el punto que ha sido practicada y apreciada a lo largo de la historia en casi todos los periodos en que se concibe. Si reír sirve a los enfermos, su potencial en los sanos es aún mayor.

Pero ¿por qué no reímos en las empresas?

Existe una odiosa etiqueta que recubre la escena organizacional, la cual pareciera dictar la pauta en lo que al mundo laboral se refiere, y es la frase que sentencia de manera inequívoca que *"los negocios son algo serio"*, y sí, no cabe duda, lo son y con seriedad deben afrontarse los retos y responsabilidades que cada negocio representa.

Pero los negocios no dejan de ser serios porque la gente que los hacen posibles sea feliz y sonría.

La idea de introducir catalizadores del estrés e inspiradores del buen ambiente no es nueva, de hecho se exagera en comedias y películas tratando de enviar un mensaje directo a quienes tienen la responsabilidad de dirigir empresas.

Mas, al parecer, el mensaje no llega a quienes va dirigido en buena parte de los casos.

Aunque parezca increíble, las prácticas empresariales siguen siendo contrarias a lo que se supone deberían ser.

Por ejemplo, se quiere que la recepcionista siempre esté sonriente, pero se le somete a horarios que apenas le permiten comer, atuendos que no facilitan la respiración, uso de calzado nada cómodo, así como a múltiples tareas que la estresan.

No conforme con ello, es común que a esa empleada se le someta a regaños constantes y severos si deja de atender la llamada de algún jefe por estar perdiendo el tiempo atendiendo a un cliente, para luego enviarla a un curso de "atención al cliente" porque éstos se quejan de la recepción, debido a que se sienten desatendidos cuando la recepcionista tiene que responder la central telefónica ante la llamada de uno de sus jefes.

El caso anterior, es tan sólo uno de los tantos ejemplos donde pueden apreciarse varias contradicciones, si se compara con muchos otros en donde se somete al personal a trabajos bajo presión, pero eso sí, mostrando felicidad y complacencia en todo momento. Cabe preguntar:

- ¿Qué mensaje está enviando una empresa cuando solicita personal que pueda trabajar bajo presión?

- ¿Cuál debe ser la lectura que realice un colaborador al ver que se procura, por encima de lo que sea, el bienestar del cliente (porque es el que paga) y se descuida su bienestar (quien hace posible lo que se ofrece al cliente)?

No se puede exigir lo que se es incapaz de dar.

Las empresas deben preocuparse realmente por introducir elementos de distracción controlados, de sano esparcimiento y sobre todo de un alto sentido humorístico a las largas horas que mantiene en sus instalaciones, tanto al personal que ahí labora, como a los clientes que las visitan.

Sí, deben poseer recursos humorísticos que alegren el ambiente y aligeren las presiones propias del trabajo.

Estos recursos deben concentrarse primero en la valoración equitativa de los clientes que la empresa posee y los colaboradores que están disponibles para atender los procesos que ellos requieren, dándoles así el mismo grado de importancia, tal y como se explica cuando se hace referencia al *cliente trigénico.*

El cliente debe sentirse feliz de ser atendido y quien lo atiende mucho más de hacerlo, para ello, éste último, no debe ver el trabajo como una pesada tarea, sino como un agradable reto, como quien se toma en serio un juego de video, es tanto lo que le anima que no lo deja hasta alcanzar el nivel que se ha propuesto o superar el *score* existente.

Son muchos los recursos humorísticos de los que puede valerse la empresa, medios que hagan, no sólo ver felices a sus colaboradores; sino que los haga realmente sentirse de esa forma.

Entre ellos se podría mencionar, como ejemplo, el uso de periódicos electrónicos donde pueda destacarse "el chiste del día", proporcionado por un empleado o por la organización misma, si no se posee de estos, el uso de correos masivos con contenido hilarante puede poner un alto al estrés propio del trabajo diario, o bien, bajo un pensamiento más contemporáneo, hacer uso de las redes sociales ideadas para compartir ese tipo de contenidos.

Las actividades recreativas pasivas, los *breaks emocionales* (aquellos que permiten al empleado expresarse libremente al menos por unos minutos), la *catarsis laboral*, las *reuniones no-administrativas* para generar un mejor ambiente, y otras tantas expresiones de buen humor podrían ser verdaderos detonantes de innovación, buen ambiente de trabajo y conexiones realmente sólidas con la visión y misión de la empresa.

Vale la pena pensar en esto:

Ya la vida es bastante dura para la mayoría de las personas.

Entre los detonantes del estrés y el mal humor se encuentran: el alto tráfico vehicular de la ciudad, el clima cambiante, los altos costos de productos y servicios, los sucesos políticos y sociales, la inseguridad, así como las responsabilidades propias y colectivas; si a eso le sumamos una empresa o una supervisión oscura, exigente, estricta y malhumorada ¿cómo se puede pretender poseer calidad de servicio?

Se debe convertir a la empresa en un foco de alegría, bienestar y satisfacción, manteniendo siempre presente que no ha de ser sólo el cliente el que debe sentirse a gusto con nosotros, también debe estarlo nuestra gente.

¿Es esto tan difícil de entender? Al parecer no.

Aun cuando la propuesta de introducir el *humor resources* se realizó en 2008, por el autor de este libro, no fue hasta el 2016 cuando las empresas comenzaron a hablar de los *gestores de felicidad*, o bien, de los GeFes.

Estas personas, si bien no están dedicadas a esparcir humor en las empresas, tienen como finalidad medir y propiciar la felicidad en sus instalaciones, lo cual puede ser considerado un verdadero avance en lo que respecta al *humor resources*.

No obstante, la premisa de introducir humor en las empresas es distinto a la de gestionar la felicidad.

El humor es un ingrediente que procura sacar a las personas de un estado de estrés, o bien, de la rutina, sin olvidar el exceso de atención a procesos o actividades que lo aíslan del entorno, de la sociedad o de las personas que lo rodean.

La felicidad es un estado emocional complejo que difícilmente puede ser gestionado, esto responde a que su condición está intrínsicamente relacionada con el individuo, quien es el único responsable de alimentarla o descuidarla.

La presencia de *gestores de la felicidad,* e incluso de la existencia de *Gerentes de Felicidad* en las empresas no garantiza que los empleados sean felices, sólo proporciona la sensación de que la organización se preocupa por impulsar esa emoción y mantenerla en los niveles deseados.

Si bien es cierto que también puede decirse que el humor es relativo y que no todas las personas reaccionan a él de la misma manera; no es menos cierto que la exploración de espacios donde distintos grupos ensayen fórmulas para introducir el humor de manera sana y sin excesos, de acuerdo a las preferencias de cada colaborador, no debe ser descartada.

Vale la pena intentar todo lo que aporta bienestar a las personas que hacen posible a la empresa.

SON LOS MEJORES EMPLEADOS

Debido al arcaico modelo de pensamiento que aún domina a las empresas, y su manera de mostrarse ante la sociedad y frente a su propia gente; crear identificación no es tarea fácil, por lo que resulta más atractivo incursionar por el camino del compromiso y vender sus efectos como la panacea de la administración contemporánea.

Pero, ante la inequívoca realidad que obliga a aceptar que tener personal *comprometido* [12] resulta más perjudicial que beneficioso, la idea de identificar se vuelve exigente y muchos se preguntan qué deben de hacer para lograr tan preciada muestra de conexión.

La respuesta a esa pregunta se puede encontrar en el deporte.

El deporte es una fuente conocida, estrechamente relacionada con la identificación que, aunque suele usarse para ilustrar ejemplos, pareciera no haberse vinculado lo suficiente con los procesos de reclutamiento y selección que practican las empresas.

No obstante, la referencia no tiene que ver con los paradigmas tradicionales que lo caracterizan, como el liderazgo, trabajo en equipo, establecimiento de metas, planificación estratégica y otros tantos puntos de interés que, hasta cierto punto, son válidos.

Ahora bien, en lo que respecta a la gestión humana y a los procesos de reclutamiento y selección, al hacer referencia al deporte, no se está hablando de los equipos deportivos ni de quienes los dirigen, la atención se orienta a quienes los hacen posibles, e incluso rentables; en este caso se habla de los fanáticos.

Veamos.

Un fanático invierte dinero en material de publicidad y promoción, así como en distintivos, insignias, banderas y todo cuanto lo identifique con su equipo.

Es capaz de reducir el tiempo de atención a su familia, dejar de comer, soportar el calor, la lluvia y el frío cuando debe apoyar a su equipo.

Un fanático es leal, conoce muy bien al equipo que apoya, habla con orgullo de su historia y, sobre todo, lo único que espera a cambio es la satisfacción emocional de verlo competir y, si todo sale bien y triunfa en su contienda, también espera celebrarlo con él.

Así es. Un fanático hace por el equipo que apoya lo que las empresas sueñan que sus empleados hagan por ellas.

Si las organizaciones exigieran a sus colaboradores realizar todo lo que los fanáticos hacen de manera espontánea por los equipos deportivos que apoyan; sin duda los sindicatos o representantes laborales presentarían quejas formales, señalando que la organización exige mucho más de lo que un trabajador puede dar.

Ahora bien, las personas que siguen a un equipo o a un deportista, lo hacen porque se sienten identificadas; saben que los logros que alcancen no son de ellos, pero aun así lo sienten propios.

Estas personas apoyan e idolatran a sus equipos o deportistas, y se sienten emocionalmente conectadas con ellos, de tal manera, que aun cuando se enfrenten a una derrota, tienen fe en que la próxima jornada será mejor.

Por todo lo anterior, las empresas deben procurar generar en sus colaboradores ese mismo sentimiento de identificación que los une a un equipo de *baseball*, *football* o *basketball*, por citar algunos, haciendo que esa entrega y dedicación sean tanto o más representativa.

Mientras ello no ocurra, la empresa seguirá echando en un pote sin fondo tiempo, dinero y dedicación en jornadas de adiestramiento, compromiso y evaluaciones del desempeño, pues, simplemente, tendrá en sus filas nada más que trabajadores, entendiendo por ello a las personas que tienen que cumplir con la obligación de hacer su trabajo, y de hacerlo bien, so pena de perderlo.

Pero, si en lugar de continuar alimentando ese fallido pensamiento lineal y anacrónico, las empresas se dedicaran a buscar vínculos emocionales con sus colaboradores, que los conviertan en verdaderos fanáticos de lo que hacen y para quienes lo hacen, la identificación sería tal que no tendría que exigir, por ejemplo, el uso del carnet, la realización de horas extras, el trabajo en equipo, o bien, no habría necesidad de invertir tiempo y dinero en mediciones de clima organizacional. Todo fluiría.

Claro, obviamente ello exigiría una madurez y una concepción completamente diferente de la imagen y acción de la empresa, lo cual, bajo la sombra de los paradigmas generalmente aceptados; en la actualidad estaría muy lejos de ser posible.

¿Cómo contratar fanáticos?

La contratación de fanáticos exige un cambio significativo en la manera de ver, entender y mercadear a la empresa.

Tal y como ocurre en los deportes, las personas deben percibir a las organizaciones como una entidad que los representa y que, de alguna manera, ha logrado alcanzar los sueños que ellas atesoran.

Esto exige desarrollar una conexión emocional con los candidatos potenciales, incluso antes de que ellos sean identificados como tal.

Es por esa razón que las empresas deben enfocar su promoción a destacar su participación en la adición de valor al medio ambiente, así como a las comunidades, al apoyo de jóvenes talentos, al desarrollo y crecimiento de sus empleados, los beneficios de los que gozan sus colaboradores y que les permiten alcanzar sus sueños individuales, así como sus metas.

Deben estar presentes en todos los momentos importantes del candidato, por lo que crear campañas de padrinazgos activos en colegios y universidades, academias e institutos de formación, pero más allá de lo obvio, en espacios recreacionales, tiendas de ropa y calzado, así como la de utensilios y herramientas de uso diario.

Sólo a través de un acompañamiento constante, que genere beneficios a los seguidores y conexiones emocionales, se logrará contar con personas que se hagan fanáticos de las empresas y estén dispuestas a darlo todo por ellas.

EVITE LAS ISLAS ORGANIZACIONALES

La administración contemporánea no es más que el resultado de la interpretación, adaptación y, en algunos casos, reorientación de los conceptos que han existido por siglos en el pensamiento organizacional, desde que el hombre comprendió que necesitaba una forma eficiente para ejercer el poder.

Las estructuras organizacionales han permanecido prácticamente inalterables, desde que fueron ideadas por los primeros representantes del ordenamiento político, social y económico.

En esa estructura piramidal y en cascada pueden identificarse siempre las mismas figuras:

1. Un dios de dioses, o bien, un rey, emperador, líder o presidente.

2. Un séquito de asesores, virreyes, vicepresidentes, gobernadores, y

3. Cuanto mando medio y básico pueda ser adjudicado a esa corriente de pensamiento, en cualquiera de sus expresiones.

Todos ellos asociados a los mismos paradigmas de poder que han dominado el mundo desde siempre.

Obviamente, se está haciendo referencia al paradigma organizacional más generalizado y difundido, dejando a un lado otros modelos como los matriciales, estructuras planas y circulares.

En ese mismo mundo donde las monarquías y los imperios tuvieron que dar paso a las democracias, al comprender que cuando una persona se perpetúa en un puesto de envergadura, el poder puede corromperlo y afectar su juicio.

Fue por esa razón que la alternabilidad surgió como una manera de garantizar el perfecto equilibrio del poder, con ella se evita que los gobernantes olviden el derecho de regir el destino de sus naciones, que corresponde a todos por igual.

Sin embargo, ante este pensamiento que para muchos parece lógico y coherente en el ambiente político, surge un cuestionamiento válido: ¿Qué pasa en las empresas?

A diferencia de lo que ocurre en el esquema social, público o político, como deseen llamarlo, donde las personas eligen a sus gobernantes, y su ejercicio administrativo posee fecha de inicio y culminación, salvo que esté prevista la reelección; la realidad en las empresas es otra, una persona puede ejercer el mismo cargo por años, sin que exista la más mínima intención de ser removido o revocado, o al menos, de la misma manera que se observa en los escenarios antes mencionados.

Lo anterior resulta paradójico.

¿Es que acaso, la permanencia en un puesto de significativo poder en una empresa, no puede afectar el juicio de quien lo ocupa, y hacerle creer inamovible y todo poderoso?

¿No puede, su permanencia en el poder, hacerle perder la sensibilidad laboral y regir el área como si se tratara de su comarca?

La respuesta, lamentablemente, es positiva. El poder en las empresas puede nublar el juicio de quien lo ejerce, tal y como ocurre en otros escenarios.

Los ejemplos sobran, presidentes de corporaciones que parecen eternizados en sus puestos cambiando constantemente su tren ejecutivo para evitar competidores, gerentes que jamás han tenido la oportunidad de salir de su área para explorar sus competencias y que se autodenominan expertos en lo que hacen, por más básico que sea.

Personas que se creen dueñas absolutas de los procesos que rigen y, en su delirio, desafían a cualquiera sin importar su posición o rango, poniendo en riesgo la operación a causa de su arrogancia.

Esos presidentes, vicepresidentes, directores y gerentes olvidan que fueron contratados para agregar valor a sus posiciones y, una vez en ellas, actúan con tal descaro y falta de educación que el rechazo se hace colectivo.

Sin embargo, estas personas han desarrollado tal nivel de pericia, que usan todo lo que está a su alcance para garantizar su permanencia en esos cargos.

Lo más irónico es que esas personas exhiben su permanencia como un logro, un verdadero éxito, sin tomar en cuenta cuántos empleados, capacitados y con experiencia, desean ocupar el cargo que ellos ostentan; colaboradores que, en muchísimas ocasiones, están preparados personal y profesionalmente para asumir esas posiciones.

¿Es que acaso no sería prudente que los ejecutivos también fueran alternados?

Así como el poder puede corromper a las personas que ocupan cargos de elección popular, sin duda ese fenómeno también puede ocurrir en las empresas; por lo que en ellas se debería contar con la alternabilidad de sus representantes.

Las empresas deberían comprender que se corregirían muchas distorsiones y problemas laborales si sus gerentes y representantes no fuesen contratados para quedarse de manera indefinida en sus cargos, si estuvieran conscientes que sólo como consecuencia de un rendimiento extraordinario y evaluado a 360° de manera satisfactoria, podría repetir un periodo establecido para la posición que ocupa.

No se pretende decir que, si un gerente es excelente en lo que hace, será ignorado una vez culminado su tiempo en el cargo; justamente para poder aprovechar el talento de sus colaboradores, la empresa debe evolucionar como lo propone el *Zeitgeist Gerencial* [13] y dejar de observarse tan limitada como hasta ahora.

La alternabilidad en los cargos de envergadura representarían una verdadera oportunidad para el desarrollo de competencias o el fortalecimiento de las mismas para quienes ya han alcanzado una posición tan importante.

Adicionalmente, ofrecería la oportunidad a otras personas de hacer más y mejores cosas, ya que, como es sabido, los nuevos paradigmas surgen de personas foráneas y no de quienes están sumergidos en los procesos. Este tipo de alternabilidad permitiría materializar los sueños de aquellos que se esmeran por alcanzar sus metas.

JAMÁS IGNORE LA CURVA

Una de las lecciones más recordadas, en una clase de *marketing*, es la que explica el ciclo de vida de un producto.

Durante toda la clase se destaca que los productos, y algunos servicios, cumplen con cuatro etapas en sus vidas que son ineludibles, las cuales se conocen como introducción, crecimiento, madurez y declive.

Lo anterior es fácil de recordar porque la vida cumple con un ciclo similar, las personas nacen, se desarrollan, se reproducen y mueren; como puede observarse, todo ello ocurre también en cuatro etapas.

Pero, no sólo los productos y la vida poseen el mismo ciclo, también se ve en la educación y, en especial, en el ejercicio laboral.

Como se sabe, el mercado laboral está colmado de innumerables paradigmas que lo convierten en un escenario ecléctico.

Lo anterior responde a la necesidad, que han tenido siempre las empresas, de encontrar fórmulas que puedan aplicarse sin contratiempos, soluciones estándares que no requieran estudios ni comprobaciones.

Entonces, si algo ha funcionado para alguien y puede ser implementado en mi empresa ¿por qué no hacerlo?

Ese pensamiento lineal ha sido lo que ha impedido que las empresas entiendan la importancia de introducir, a sus operaciones, el ciclo de productividad de los empleados y, por lo tanto, casi todas asumen que todos los colaboradores son —y deben ser—, productivos durante el tiempo que la empresa ha determinado, para los cargos que posee.

Efectivamente, un horario estándar y generalizado, usualmente pensado de 8 am a 6 pm, ignora por completo el ciclo productivo de los empleados.

Veamos.

A diferencia de lo que se cree, no todas las personas son productivas en los mismos horarios, ni siquiera tienen el mismo grado de atención o apetito, de acuerdo a los cronogramas socialmente establecidos.

No obstante, a las personas se les condiciona para que piensen y crean que así es, razón por la cual, desde el jardín de infancia y hasta bien avanzada la universidad, se les enseña a los individuos cuándo deben desayunar, almorzar y cenar, e incluso, a qué hora debe descansar y levantarse.

Como se trata de una rutina generalizada, resulta difícil observarla desde afuera, simplemente, son muy pocos los que no han sido víctimas de ella.

No hay un solo ciclo

El punto es que la realidad es distinta al paradigma.

No hay un solo ciclo y no todas las personas están obligadas a ser productivas en un periodo preestablecido.

Vale la pena recordar que, cuando se cursaban estudios, en cualquier nivel de la educación, algunos alumnos estudiaban cuando desayunaban, otros pocas horas antes de dormir y algunos, los menos ortodoxos, se levantaban en la madrugada para estudiar.

Algunos otros, los menos comunes, ni siquiera tenían la necesidad de repasar sus apuntes, con la explicación de la clase bastaba.

Ejemplos similares los hay más allá del académico y con seguridad, justo ahora, usted debe estar pensando en alguno de ellos.

Pues bien, lo mismo ocurre con los empleados.

Algunos empleados son más productivos en la mañana, otros en la tarde, algunos en la noche y, aunque parezca extraño, hay empleados cuyo ciclo de productividad se activa durante la madrugada.

Sin embargo, aun cuando esto es del conocimiento de quienes estudian estos fenómenos, pues, no hay que ignorar las complejas gráficas que se han elaborado para establecer, por ejemplo, la curva de atención en el aprendizaje; las empresas, en su mayoría, siguen asumiendo que el horario estándar de trabajo debe ser respetado y, a la vez, cumplirse a cabalidad por todos los empleados de nivel básico o medio que la empresa posea.

No se han incluido, en la afirmación anterior, los cargos de alto nivel porque, en la mayoría de los casos, están exentos de cumplir de manera estricta con los horarios.

Una nueva visión

Si bien es cierto que la llegada del Covid-19, en 2020, fue una verdadera tragedia, no es menos cierto que la pandemia, a través de la cuarentena, derribó muchos de los mitos que orbitaban en cuanto a la productividad y el cumplimiento estricto de los horarios.

Aunque no aplica para todos los cargos, así como tampoco aplica para todos los modelos de negocios; buena parte de las operaciones, que se comenzaron a realizar de manera remota, no necesariamente respetaron los horarios establecidos y, sin embargo, llegaron a cumplir los objetivos planteados.

Lo anterior ocurrió por muchos motivos, pero uno de ellos está íntimamente relacionado con el ciclo de productividad de los empleados.

Como buena parte de los empleados no podían ir a las empresas, éstas comprendieron que no se podía medir la operación por el desempeño sino por el resultado [14], por lo que hicieron a un lado el paradigma del tiempo, preestablecido por el uso y costumbre, y se enfocaron en la calidad de los resultados.

Lo anterior dejó en evidencia la inutilidad del ciclo productivo estándar y abrió las puertas a algo conocido, pero ignorado por la mayoría: la existencia del ciclo de productividad de los empleados.

Al no perder tiempo midiendo quién llegó primero o quién fue el primero en irse, las empresas se enfocaron en la calidad de los resultados; al hacerlo, descubrieron que no todos los empleados habían realizado sus labores en los mismos horarios, salvo en las ocasiones donde el proceso así lo exigía y, sin embargo, se había cumplido con el trabajo.

El ciclo importa

Si bien es cierto que no todas las actividades laborales pueden realizarse en distintos horarios, como ya se señaló; no es menos cierto que a las empresas les convendría estudiar cuáles de los procesos que poseen pueden ajustarse al ciclo de productividad de sus colaboradores.

Lo anterior permitiría aprovechar el potencial de los empleados en el momento en que está más activo, por lo que puede llegar a ser más eficiente, eficaz y efectivo para la labor.

Adicionalmente, se traduciría en la flexibilización del horario de trabajo, ajustándolo al ciclo de productividad que haya sido detectado en el empleado.

Esto también impactaría la conformación de los equipos de trabajo y los resultados que ofrecen, porque, al no ser heterogéneos, en cuanto a la curva de productividad, tenderían a estar más enfocados y, por ende, serían aún más efectivos.

Más allá del Home Office

Si las empresas comienzan a adoptar el estudio objetivo de la curva de productividad de sus empleados, facilitando con ello el aprovechamiento de su potencial cuando se encuentra en su momento de ascenso y, a la vez, dejándolos descansar cuando comienza a descender, no sólo se estaría beneficiando a la organización sino que, el mismo empleado, se vería ampliamente beneficiado con ello.

Esto le permitiría establecer días y momentos especiales para el esparcimiento, desarrollo de habilidades u obtención de conocimiento, fuera de los rígidos horarios que debe cumplir, semana a semana, por causa del paradigma dominante.

Adicionalmente, las empresas reducirían sus tiempos muertos, representados en las horas en que los empleados se dedican a socializar en el trabajo, o a realizar actividades no laborales; debido a que no se encuentran en el punto ideal de la curva y, por ende, no están en condiciones de ser productivos, ni de ofrecer la atención que la labor exige.

Conocer la curva de productividad de los empleados permitiría hacer uso de los espacios de la empresa de manera más eficiente y organizada, reduciría costos y generaría un ambiente amable, cercano y agradable para los colaboradores, tal y como lo propone la *Filosofía TEA* [15].

Del ciclo al hecho

Ignorar la curva de productividad de los empleados es algo que no puede seguirse practicando en el siglo XXI. Aunque jamás debió hacerse una vez que se conoció de ella.

Como ya se ha señalado, los empleados son el alma de la empresa, ellos, alimentados por sus sueños y metas, la hacen posible y son los únicos responsables reales de su éxito, ya que, ninguna estrategia por si sola conduce a la meta deseada.

Más allá de conocer el aspecto emocional de los empleados, como lo plantea la *coestima*, al estudiar el propósito, el motivo y la expectativa; las empresas deben conocer también las limitaciones y alcances fisiológicos y psicológicos de sus empleados, deben ahondar en aquellas cosas que facilitarían su estancia e impulsarían su desempeño.

Estudiar el ciclo de productividad de los empleados no es algo que exige tiempo ni actividades extraordinarias, por lo general, las personas tienen una idea preconcebida de cuándo son más o menos productivas, por lo que esa información puede servir como el inicio para el establecimiento del ciclo ideal.

Hacerlo demostrará un verdadero compromiso, por parte de la empresa, por el bienestar y la comodidad de sus empleados, un estilo gerencial orientado a facilitar su estancia y su trabajo, por lo que el empleado se encontrará en un medio ideal para explorar sus competencias y ofrecer lo mejor de sí, justo en el momento en que está fisiológica y emocionalmente dispuesto para ello.

Si quiere mantener el alma de su empresa y ayudar a que sus empleados alcancen sus sueños, comience a estudiar, identificar y planificar las actividades de la organización, en especial aquellas que lo permitan; de acuerdo a la curva de productividad de sus colaboradores.

REFLEXIONES FINALES

El concepto del alma se puede encontrar en muchas expresiones sociales y cotidianas, por ejemplo, ¿quién no ha oído hablar del *alma de la fiesta*? ¿o quién no ha identificado alguna vez a alguien como tal?

En el campo personal se le asocia con lo más profundo del ser, vinculado de tal manera con las emociones y sentimientos, que puede doler con la misma intensidad con la que puede sentirse alegre, aun cuando es completamente imposible establecer la ubicación exacta del alma.

Hablar del alma no es algo extraño en varias culturas y hasta en algunas profesiones, Incluso, en el campo de la informática se habla del *alma dentro de la máquina* y existen tribus que la identifican como el *manitú* de las cosas.

En el aspecto religioso, la idea del alma está ampliamente generalizada, ella es parte del cuerpo y es quien almacena los conocimientos y experiencias en el trascurso de la vida.

Para otros campos del conocimiento, el alma es energía, concepto en el que se inspiró *Mary Shelley* para sustentar la vida dada al monstruo de *Frankenstein* en la novela homónima de 1818.

Por lo tanto, no resulta absurdo hablar del *alma de las empresas*, ya que, en cierta forma, los responsables de su gestión observan el esfuerzo colectivo como la *energía* que mueve a la organización.

Pero, ese esfuerzo colectivo, surge de muchas personas a las que también se les atribuye un alma que las mueve y que, a la vez, se alimenta de sus sueños y expectativas, y les permite afrontar el día a día con optimismo y determinación.

Por lo tanto, tampoco resulta ilógico suponer que ese conjunto de personas, llenas de sueños y metas, haciendo uso de la sinergia, componen, de manera inequívoca, el alma de la empresa.

Si el alma, esa energía vital, que mantiene activa a la empresa, la impulsa a innovar, a crecer y a permanecer en constante movimiento; se alimenta y se cultiva, se desarrolla y se atiende, no sólo estamos en presencia de una organización responsable y madura, sino que se ha llegado a un punto en la escala evolutiva digno de ser considerado un salto cuántico.

El alma se alimenta cuando sus sueños y deseos se alcanzan y la colocan en un estado de bienestar y equilibro que es completamente perfectible y mejorable.

Es muy simple, si el alma se siente bien lo que haga lo hará bien.

Las empresas deben preocuparse, entonces, por alimentar el alma que poseen, mantenerla feliz y satisfecha, evitando que se deteriore y, por ende, termine perdiéndola.

Alimentar el alma va más allá de hacer ajustes para contar con una medición favorable del clima organizacional, de poseer un bajo nivel de rotación, o la ausencia de conflictos significativos en la empresa; ya que una organización en estado vegetativo muestra esos últimos indicadores en cero, pero no crece, no se desarrolla, no agrega valor.

Alimentar el alma de la empresa significa *coestimar* a la gente y llevar a la práctica de manera exitosa la promesa de un ganar-ganar efectivo y conmensurable.

Para ello debe existir coherencia en lo que se plantee la organización como metas y sueños a alcanzar y el vínculo que ellas deben poseer con los sueños y metas individuales de cada uno de sus colaboradores.

Las empresas deben esforzarse por crear una conexión por coincidencias y sinergia por convicción, crear un engranaje tal, que el beneficio de ello sea percibido en todos los rincones de la empresa.

No es utópico, es una realidad, propia de una era avanzada y tecnológica.

Cada día las empresas notan que las personas buscan más coincidencias con sus expectativas que aspectos tradicionales, asociados a beneficios económicos, porque saben que de lograr lo primero lo segundo llegará por añadidura.

Los sueños de los empleados, son importantes, deben ser conocidos y cuidadosamente nivelados con las expectativas de la empresa, eso garantizará que, cualquier esfuerzo que se haga, será percibido como un bien común que alimentará el alma de la compañía y con ello se estará impulsando su desarrollo y fortalecimiento.

Los sueños de los empleados deben ser alimentados y hasta inspirados por las organizaciones, de ser así los colaboradores tendrán sueños relacionados con la empresa y las empresas gozarán de los beneficios que les proporciona tener almas.

GLOSARIO DE TÉRMINOS
de acuerdo con la visión del autor

- **Agnosia gerencial**: Trastorno mostrado por personas o empresas que tienen a olvidar de inmediato el valor de su personal, tras cualquier error cometido, son indiferentes a sus necesidades e incapaces de reconocer el talento de sus colaboradores.

- **Autismo organizacional**: Trastorno mostrado por algunas empresas, especialmente aquellas que son extremadamente rígidas, altamente autocráticas y cerradas a las tendencias globales en materia de liderazgo, gerencia y gestión humana.

- **Competencias**: Talentos y Aptitudes propias o aprendidas que pueden desarrollarse, fortalecerse u orientarse para agregar valor a la persona, empresa o escenario.

- **Compromiso**: Acción de comprometerse. Empeñar la palabra. Obligarse con un algo en particular. Es la "obligación contraída, palabra dada, fe empeñada". Si se realiza un ejercicio simple de descomposición pareciera surgir la frase "con promesa".

- **Conducta explosiva**: Es lo contrario a la conducta implosiva, en este caso la persona se defiende y muestra su inconformidad ante lo que considera injusto.

- **Conducta implosiva**: La que muestra una persona o empresa, absorbiendo el malestar, incomodidad o culta que le es ajena.

- **Expectativa**: Es el producto de la acción del binomio motivo- propósito. Aquello que se espera lograr.

- **Identificación**: Vínculo que surge entre un individuo y todo aquello que coincide con lo que él desea experimentar, que se asemeja a sí mismo, le complementa o le resulta familiar, confortable, de interés e inspirador. Coincidencia de patrones, expectativas y sueños que son comunes entre diferentes actores ofreciéndole un rango de familiaridad, seguimiento y unión por convicción.

- **Inspirar**: Es la acción de suscitar en algo o alguien un sentimiento; una emoción, una reacción psíquica mas no física, por lo que no puede ligarse a la satisfacción de las necesidades básicas o sociales.

- **Meta**: Punto fina que desea alcanzarse en un plan formal o informal.

- **Miopía profecional**: Carencia de una visión amplia que le permita identificar el talento de los candidatos, en un proceso de selección, o del personal que labora en la empresa.

- **Objetivos**: Pasos que deben completarse antes de alcanzar la meta.

- **Paradigma**: Son filtros mentales adoptados de acuerdo a la cultura y al ambiente donde se desenvuelve el individuo. Señalan lo que se ajusta a sus creencias y costumbres, rechazan aquello que le es contrario o no encaja con lo preestablecido.

- **Propósito**: Acciones o elementos complejos y orientados a una tarea (o varias) o bien.

- **Sentido de pertenencia**: Expresión propia de quienes se sienten identificados con la empresa y poseen atributos para influir de manera directa en el mejoramiento de ésta.

- **Sueño**: Expectativa, visión o meta final que se desea alcanzar en un tiempo determinado y con ciertas condiciones específicas.

- **Talento Humano**: Conjunto de personas con habilidades y destrezas que combinadas y gestionadas de manera sensible y responsable coadyuvan al logro de los objetivos organizacionales.

- **Talento**: Habilidades y destrezas que posee un individuo para una cosa en particular o varias.

- **Valor agregado**: Elemento que se adiciona a un proceso, producto o servicio generando un avance tal en su condición que no permite la involución, por lo tanto no puede ser desagregado.

- **Zombis Organizacionales**: Individuos, áreas, unidades o departamentos que funcionan sin hacer uso del análisis, estudio y comprensión de la tarea y cuyo trabajo es operativo y monótono.

NOTAS DEL AUTOR

[1] [2] [4] [6] [12] [15] Estos tema se explican a detalle en el libro *Diálogos Gerenciales y otras pláticas reflexivas.*

[3] Los tres ejemplos fueron tomados de la página web Mundocitas.com

[5] Según el libro *Life after Life* (1975) de Raymond A. Moody publicado por MBB, Inc.

[7] El concepto fue tomado de la página web https://www.autismo.com.es/autismo/que-es-el-autismo.html

[8] La información fue tomada de la página web https://www.fundacionadana.org/definicion-y-tipos-tea/

[9] El concepto fue tomado de la página web https://unavidafeliz.com/2008/05/19/sentido-de-pertenencia/

[10] El concepto fue tomado de la página web https://www.definicionabc.com/social/sentido-de-pertenencia.php

[11] El concepto fue tomado de la página web https://www.educacioninicial.com

[13] El *Zeitgeist Gerencial* es un modelo de organización circular planteado por Félix Socorro en 1997

[14] Este tema se explica a detalle en el libro *Gerentes Ineptos y otras pláticas reflexivas*

10] Se trata de un modelo de organización circular planeado por el autor en 1997

OTROS LIBROS DE DISPONIBLES

Disponible en
amazon

Los aspectos más importantes de las PyMEs presentados de una manera sencilla y pragmática

Disponible en
amazon

Conozca 30 temas, en su mayoría conformados por propuestas y teorías propias del autor, para transformar el mundo administrativo y gerencial y reflexionar sobre él

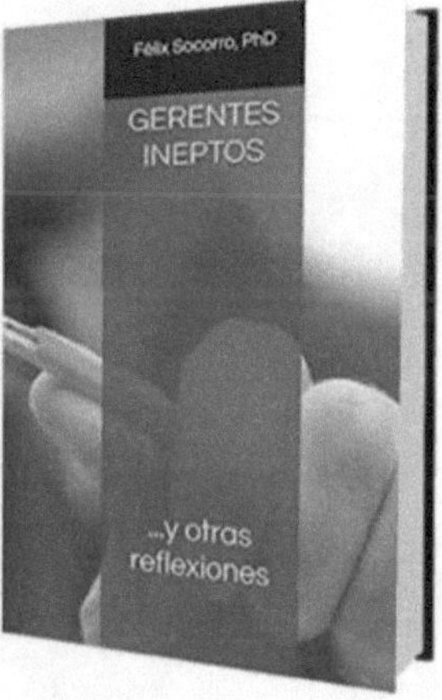

Conferencias, cursos y talleres reflexivos
empresariales, o para todo público, sobre este y
otros temas, están disponibles.

Siga y/o contacte a Félix Socorro
a través de Twitter e Instagram
@felixsocorro
Encuéntrelo también en otras
redes sociales